우리는 지구마을에 삽니다

우리는 지구마을에 삽니다(중등편_사람·지구환경)
세계시민 되기 교과융합수업 워크북

초판 1쇄 발행 2025년 3월 5일

지은이 **강혜미·김민호·박민수·양철진·한진택·이예지·이유경·정현미·홍연진**
그린이 **박상훈** | 감수 **이병준·이성회** | 펴낸이 **임경훈** | 편집 **김수연**
펴낸곳 **롤러코스터** | 출판등록 제2019-000296호
주소 경기도 고양시 덕양구 으뜸로 110, 102-608
이메일 book@rcoaster.com | 전화 070-7768-6066 | 팩스 02-6499-6067

ISBN 979-11-91311-61-7 43300

세계시민 되기
교과융합수업 워크북

강혜미 · 김민호 · 박민수 · 양철진 · 한진택 · 이예지 · 이유경 · 정현미 · 홍연진 지음
박상훈 그림 | 이병준 · 이성회 감수

들어가는 말

세계시민교육 연구개발 공동체 '느루'에서 새로운 책을 출판하게 되었습니다. 처음 '느루' 모임을 결성할 때는 '느루'가 이렇게 지속적으로 연구 성과를 일궈 내리라는 생각은 하지 못했습니다. 그저 관심 있는 분야에 대해 함께 모여 연구하고, 세계시민 교육의 중요한 의미와 가치에 대해 깨닫게 되는 일련의 과정을 거친 것들이 쌓여 끊이지 않고 무언가를 만들어 가는 것 같습니다.

《우리는 지구마을에 삽니다: 중등편_사람·지구환경》은 교과융합수업을 목적으로 만들어진 책입니다. 이 책의 콘텐츠는 오래전부터 구상하고 고민하던 내용이었습니다. 사실, 교과융합수업은 다양한 사례들이 있어서 어렵지 않게 만들 수 있으리라는 안일한 생각을 했다가, 예상하지 못한 난관에 부딪히기도 했습니다. 외국 자료부터 국내의 다양한 자료에 이르기까지 사전 준비 작업부터 적지 않은 노력이 필요했고, 무엇보다 다양한 교과를 다뤄야 하는 점에서 어려움을 느끼기도 했습니다. 그 외에도 일일이 열거하기 힘들지만, 책을 만드는 과정에서 크고 작은 고민 지점들이 숱하게 있었습니다. 이 책에는 그렇게 어려운 과정을 이겨낸 느루 소속 선생님들의 의지와 열정이 담겨 있습니다.

책을 만드는 과정에서 놓치지 않으려고 했던 점은 세계시민 교육의 가치와 철학을 담는 것이었습니다. 더불어 이러한 가치와 철학을 새로운 교육과정에서 충분히 활용할 수 있는 방안을 찾고자 했습니다. 최선을 다해 책을 집필했지만, 저희의 부족함으로 인해 미흡한 부분이 있을 수도 있습니다. 독자분들이 책에서 발견한 문제점이나 개선점을 전달해 주시면 향후 출판 과정이나 활동에 적극적으로 반영하고 세계시민 교육의 가치가 훼손되지 않도록 노력하겠습니다. 또한 이 책의 판매를 통해 발생하는 인세는 책의 의미를 실현할 수 있는 NGO 단체에 기부할 예정입니다. 세계시민의 가치를 나누는 데 작은 힘이나마 함께하겠습니다.

기존의 도서들과 여러 부분에서 차별성을 띤 이 책이 이렇게 출판되리라고는 솔직히 상상하지 못했습니다. 아이디어만 말씀드렸는데 선뜻 출판 결정을 내려 주시고, 여러 힘든 과정에도 차분히 출판 과정을 진행해 주신 롤러코스터 임경훈 대표님과 김수연 편집자님께 감사를 드립니다.

책의 의미와 가치를 공감해 주시며 감수를 맡아 주시고 추천사를 써주신 이병준, 이성회 교수님께도 감사의 마음을 전합니다. 끝으로 책을 만드는 데 동기를 불어넣어 주고 도움을 주셨던 모든 동료 교사들과 세계시민 교육에 관심을 보여주신 모든 분들에게 깊은 감사의 마음을 전합니다.

세계시민교육 연구개발 공동체 '느루' 대표 교사
양철진 드림

차례

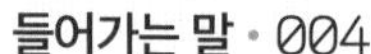

지구
환경

사람

지속가능발전목표(SDGs)

지속가능발전목표(SDGs)의 첫 번째 핵심 영역인 '사람'은 빈곤과 기아를 종식하고 건강과 웰빙을 증진하며, 양질의 교육을 보장함과 동시에 성평등을 달성하는 것을 목표로 합니다. 모든 사람이 기본적인 권리와 기회를 누릴 수 있도록 하며, 특히 취약한 계층을 보호하고 지원하는 데 중점을 두고 있습니다. 하지만 여전히 노동을 하는 이들, 차별과 혐오로 소외된 이들, 빈곤과 굶주림에 시달리는 이들이 있습니다. 누구나 건강한 삶 속에서 행복을 누릴 수 있다면 얼마나 좋을까요? 지금, 더 나은 세계를 마주하기 위해 우리가 어떠한 노력을 해야 하는지 살펴봅니다.

우리가 몰랐던
축구공 이야기

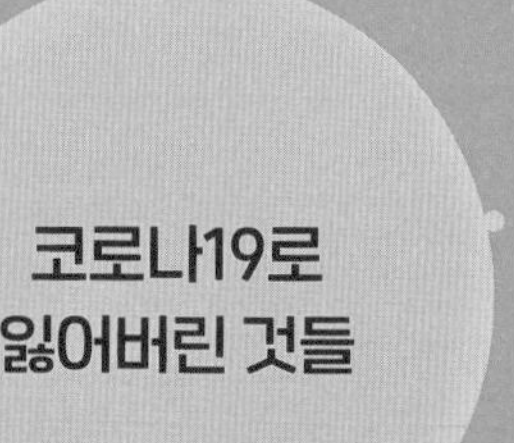

코로나19로
잃어버린 것들

세상의 10명 중
1명이 굶주린다고?

우리가 몰랐던 축구공 이야기

관련된 지속가능발전목표(SDGs)

이것은 정오각형 12개와 정육각형 20개의 가죽 조각을 꿰맨 것입니다. 월드컵 시즌이 되면 공식 경기에서 사용할 이것을 정합니다. 우리는 이것만 있어도 운동장에서 신나게 놀 수 있습니다. 이것은 무엇일까요? 바로 축구공입니다. 월드컵 공인구부터, 우리가 사용하는 축구공까지 전 세계의 축구공 70%는 파키스탄에서 생산되고 있습니다. 그런데 이 축구공을 만들고 수출하는 과정에 우리가 몰랐던 놀라운 사실이 있다고 합니다. 과연 파키스탄에서 생산하는 축구공에 담긴 사정은 무엇일까요?

수업 활동의 흐름

체육 축구공의 역사

수학 축구공 속 수학 원리

과학 축구공 속 과학 원리

사회 축구공 산업

도덕 축구공 속 인권

기술 가정 축구공 제작

미술 그림책 제작

생각 열기 체육

축구공의 역사

1. QR코드를 찍어 영상을 본 후, 축구의 특징에 대해 이야기해 봅시다.
(영상은 7분 15초까지 봅니다.)

그라운드의 과학, 축구

① 축구 관계자들이 축구를 어떻게 정의하고 있는지 그 이유와 함께 정리해 봅시다.

② 축구의 꽃은 무엇인지 적어 봅시다.

③ 프리킥 벽은 프리킥을 차는 공의 지점에서 몇 미터 뒤에 세울 수 있는지 적어 봅시다.

④ 공이 회전하는 원리는 어떤 효과라고 설명하는지 적어 봅시다.

⑤ 일반인 가족이 공에 회전을 넣는 장면을 보고 유추할 수 있는 축구의 매력은 무엇인지 생각해 봅시다.

1. 모둠 내 주제를 분담하여 축구와 축구공에 대해 탐구해 봅시다. (각 주제에 제시된 단어를 포함하여 조사합니다.)

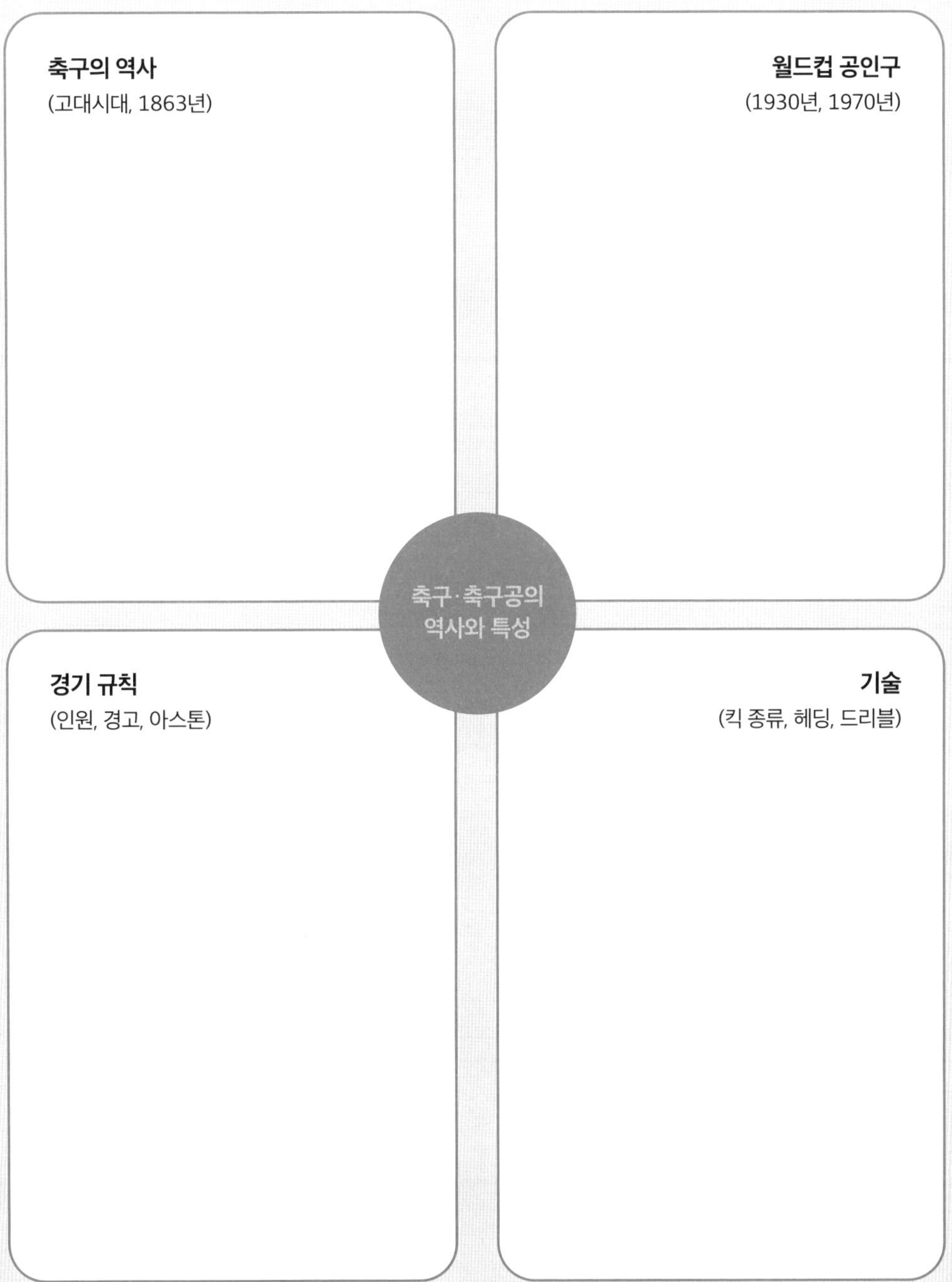

함께하기

1. 축구 기술을 실습한 후, 모둠원들의 능력치를 평가하여 적절한 포지션을 추천해 봅시다.

- **공격수(FW)**: 상대 진영에 골을 넣거나 상대팀 수비수를 유인하여 동료가 득점할 수 있는 공간을 만들어 주는 역할.
- **미드필더(MF)**: 중앙에서 경기를 조율하거나 패스를 통해 공격과 수비를 자연스럽게 연결해 주는 역할.
- **수비수(DF)**: 상대 선수가 골을 넣지 못하도록 방어하며, 키가 큰 수비수는 프리킥이나 코너킥 상황에서 헤딩으로 공격을 돕기도 함.
- **골키퍼(GK)**: 골문을 지키며 상대 선수가 슛한 공을 막고, 전반적인 경기 상황을 파악하여 수비수의 위치를 조정하기도 함.

축구공 속 수학 원리

1. 국제축구연맹(FIFA)에서 도입한 '공인구' 제도의 역사를 탐구하면서 축구공에 사용되는 도형에 대해 살펴봅시다.

월드컵 개최국	공인구	공인구를 구성하는 도형
1970년 멕시코		도형 / 개수 정오각형: 정육각형:
2006년 독일		• 도형의 특징: • 개수:
2010년 남아프리카 공화국		• 도형의 특징: • 개수:
2014년 브라질		• 도형의 특징: • 개수:
2018년 러시아		• 도형의 특징: • 개수:
2022년 카타르		도형 / 개수 한쪽이 길게 뾰족한 마름모꼴: 삼각형:

탐구하기

1. 다음 표는 한 변의 길이가 약 4.6cm인 정오각형과 정육각형의 넓이를 나타내고 있습니다. 정오각형과 정육각형을 이용하여 만든 축구공의 겉넓이를 계산해 봅시다.

구분	정오각형	정육각형
넓이(cm^2)	36	55

축구공은 정오각형 12개와 정육각형 20개를 이용하여 만들 수 있습니다.

따라서 축구공의 겉넓이를 구하는 식은 다음과 같습니다.

축구공의 겉넓이 = 정오각형의 넓이 × 정오각형의 개수 + 정육각형의 넓이 × 정육각형의 개수

① 위 표의 정다면체 넓이를 활용하여 축구공의 겉넓이를 계산해 봅시다.

- 풀이 과정:

- 축구공의 겉넓이 = cm^2

축구공의 겉넓이를 이용하여 축구공의 지름을 계산할 수 있습니다.

구의 겉넓이는 반지름을 이용하여 다음과 같이 나타낼 수 있습니다.

구의 겉넓이 = 4 × π × (반지름)^2

② 축구공의 겉넓이를 이용하여 축구공의 지름을 계산해 봅시다. (단, π=3.14입니다.)

- 풀이 과정:

- 축구공의 지름 = cm

함께하기

1. 성인이 주로 사용하는 축구공 5호의 지름은 약 22cm입니다. 탐구하기 에서 계산한 축구공의 지름과 비교하여 축구공 5호를 만들기 위해서는 정오각형과 정육각형의 한 변의 길이가 몇 cm이어야 하는지를 생각해 봅시다.

축구공 속 과학 원리

✦ **다음 그림은 축구공이 날아가는 모습을 나타낸 것입니다.**

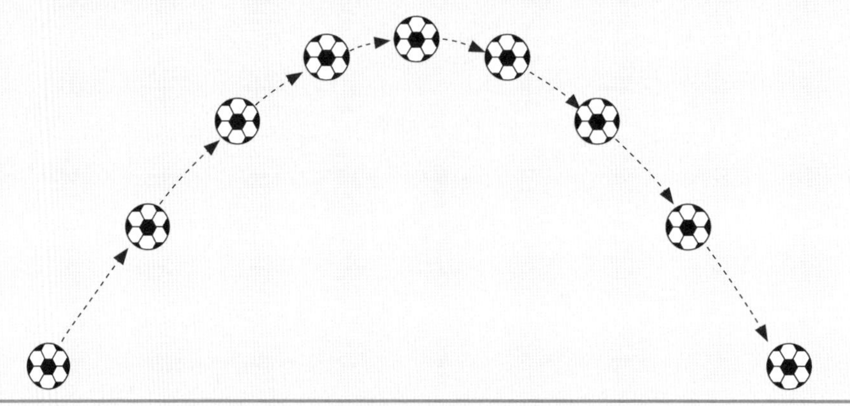

1. 공기의 저항을 무시할 때, 그림 속의 축구공에 작용하는 힘을 화살표로 나타내 봅시다.

2. 축구공이 날아가는 거리는 축구공과 지면이 이루는 각도와 어떠한 관계가 있을까요? 축구공이 멀리 날아가기 위한 각도를 예상해 봅시다.

1. 공기의 저항이 없을 때, 축구공을 발로 차면 날아가는 축구공은 포물선 운동을 하게 됩니다. 다음 그림은 앞 장의 그림에서 축구공이 가장 높은 곳을 지나서 떨어지는 장면입니다. 지면과 나란한 방향을 참고하여 지면에 수직인 방향의 축구공 운동을 그려 봅시다.

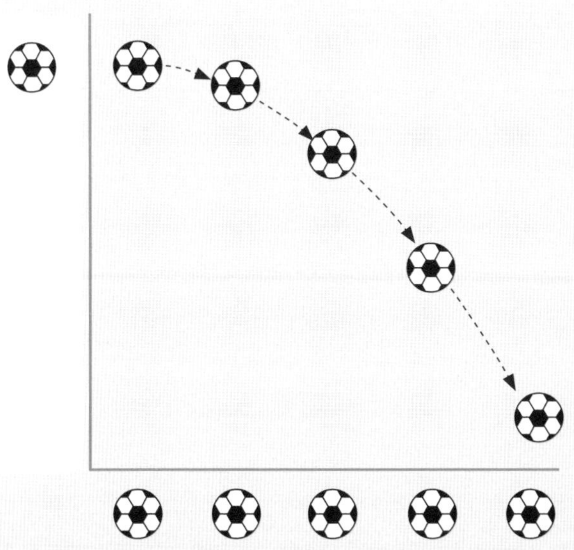

축구공의 운동을 지면에 나란한 방향과 지면에 수직한 방향에서 살펴보면 다음과 같습니다.

- 지면과 나란한 방향은 속력이 (점점 느려진다, 일정하다 , 점점 빨라진다)
- 지면에 수직인 방향은 속력이 (점점 느려진다, 일정하다 , 점점 빨라진다)

① 위와 같이 생각한 이유를 적어 봅시다.

2. 두 사람이 축구공을 지면과 수직인 방향으로 차올릴 때, 두 번째 사람이 찬 축구공이 발을 떠난 직후의 속력은 첫 번째 사람보다 2배가 빨랐습니다. 이때 두 번째 사람이 찬 축구공이 가장 높이 올라간 높이는 첫 번째 사람이 찬 축구공 높이의 몇 배이며, 그 이유는 무엇인지 적어 봅시다. (단, 공기의 저항은 무시합니다.)

3. 두 사람이 축구공을 지면과 수직인 방향으로 차올릴 때, 첫 번째 사람이 찬 축구공이 가장 높이 올라간 높이를 h라고 한다면, 두 번째 사람이 찬 축구공이 가장 높이 올라간 높이는 16h입니다. 두 번째 사람이 찬 축구공이 발을 떠난 직후의 속력은 첫 번째 사람이 찬 축구공이 발을 떠난 직후의 속력의 몇 배이며, 그 이유는 무엇인지 적어 봅시다. (단, 공기의 저항은 무시합니다.)

✦ **다음 그림은 축구공이 자유 낙하 운동을 하는 상황과 각 높이에서 축구공이 가지는 중력에 의한 위치 에너지를 나타내고 있습니다.**

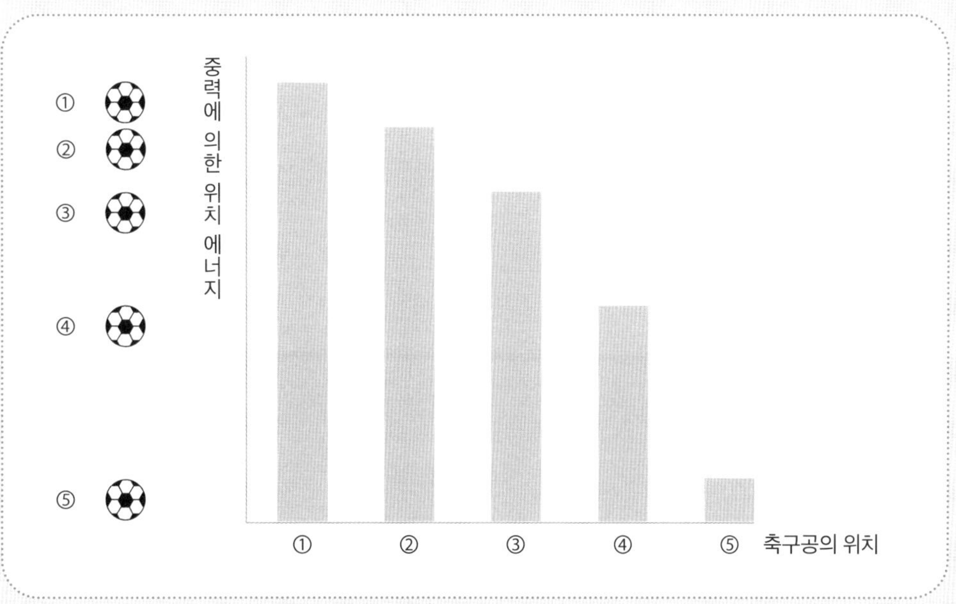

1. ①-⑤의 상황에 해당하는 운동 에너지를 막대 그래프로 나타내 봅시다.

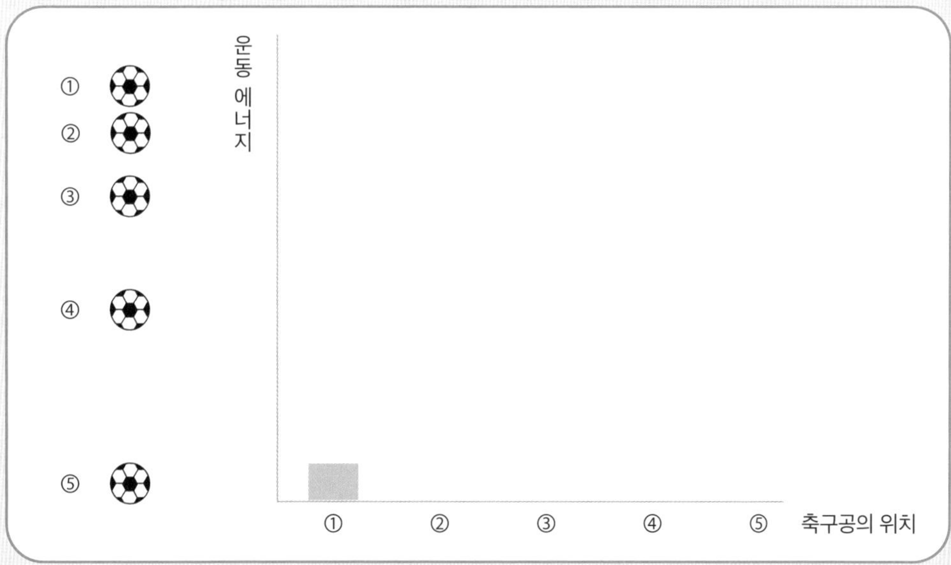

생각 열기 사회

축구공 산업

1. 다음 지도에서 파키스탄 국가의 시알코트 지역을 표시해 봅시다.

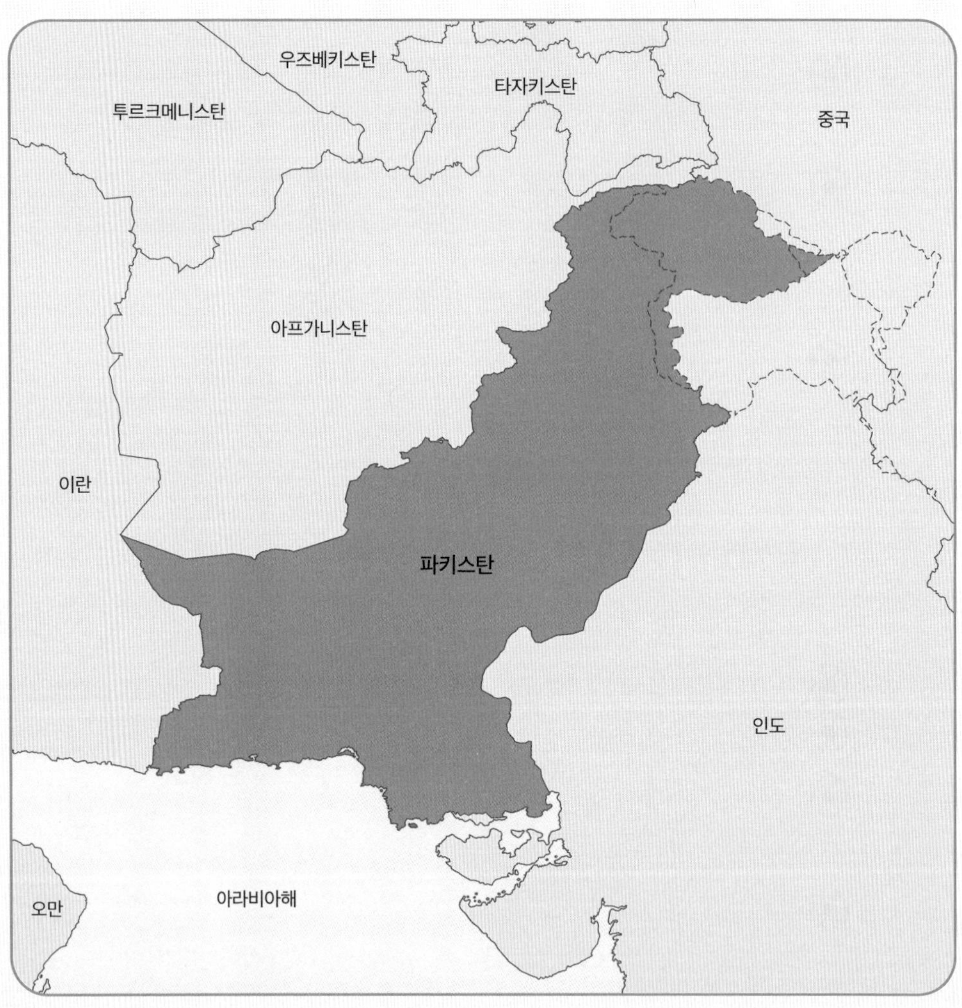

✦ **다음 글을 읽고 모둠원과 협력하여 물음에 답해 봅시다.**

파키스탄 북부의 작은 공업 도시인 시알코트(Sialkot)는 세계적인 축구공 생산 지역으로 유명합니다. 몇 년 전 이곳에서는 2022 카타르 월드컵 대회 공식구인 '알 리흘라(Al Rihla)'를 생산했습니다. 아랍어로 여행을 의미하는 알 리흘라는 독일 스포츠용품 브랜드 아디다스의 제품이며, 현재 파키스탄의 위탁 제조업체인 포워드 스포츠가 알 리흘라 축구공을 대량 생산했습니다.

시알코트는 파키스탄의 여러 정치적 경제적 불안 상황 속에서도 전 세계 수제 축구공의 70%를 생산하며 축구공 제조 메카로 자리를 잡고 있었습니다. 하지만 새로운 생산지로 중국이 급부상해 파키스탄과 경쟁 관계가 되었습니다. 2022 카타르 월드컵 축구공의 경우, 담당 업체인 아디다스사가 미·중 갈등 고조로 인한 지정학적 위험을 피하고, 중국 '제로 코로나(Zero Covid)' 정책에 대응해, 중국이 아닌 지역에서 제조하는 것을 고려했습니다. 이 과정에서 파키스탄 업체가 월드컵 축구공 제조 투자 유치 기회를 잡아, 파키스탄이 축구공 제조 메카의 지위를 이어갈 수 있었다고 합니다.

파키스탄에서 축구공은 제조업의 상징이자 수출의 핵심입니다. 실제로 월드컵 축구공을 만든 파키스탄의 포워드 스포츠는 1990년부터 아디다스의 위탁 제조사로서 연간 축구공 1,500만 개를 생산하고 있습니다. 시알코트에 있는 또 다른 축구공 위탁 제조업체 비전 테크놀로지 회사는 2022년부터 프랑스 프로축구 1부리그 리그앙(Ligue 1)에 축구공을 납품하고 있는 등 파키스탄은 고급 축구공의 산지로서 그 명성을 놓치지 않고 있습니다.

탐구하기

1. 앞 글의 내용을 통해 파키스탄 시알코트에서 세계 최대의 수제 축구공을 생산하게 된 이유를 검색하고 모둠원들이 검색한 내용을 적어 봅시다.

2. 다른 모둠의 결과를 공유하고 비교하여 가장 설득력 있는 이유를 제시한 두 개의 의견만을 골라 적어 봅시다.

1. 다음 글을 읽고 자신의 생각을 밝히고 그 이유를 제시해 봅시다.

아동 노동 착취와 나이키

1996년 6월, 미국 〈라이프〉지에 나이키 로고가 새겨진 축구공을 바느질하는 소년의 사진과 함께 나이키의 파키스탄 시알코트 지역에서 벌어지고 있는 아동 노동 착취를 폭로하는 기사가 실렸습니다.

기사의 사진 주인공은 나이키 농구화가 130달러일 때 일당으로 60센트(시급 6센트)를 받는 열두 살 파키스탄 소년이었습니다. 시민단체들은 나이키가 하청을 맡긴 제3세계 공장의 노동자가 미성년자이고 하루 2달러 이하의 임금을 받고 일하고 있으며 열악한 작업 환경으로 인해 공장 노동자들이 유해 물질에 노출될 위험에 처해 있다고 주장했습니다. 나이키는 이러한 비판에 대해 "직접 소유하지 않은 공장의 작업 환경에 대해 우리의 책임은 없다"라고 주장했습니다.

나이키가 개발도상국 노동자를 착취한다는 비판에도 불구하고 미국 정부는 노동법을 위반했다는 혐의로 기소할 수 없다고 하여 미국 전역의 소비자 단체들은 아동 노동으로 생산된 제품을 사지 않겠다며 반 나이키 캠페인을 벌였습니다.

하지만 아동 노동으로 생산한 제품 불매 운동 및 수입 금지에 대한 반론도 나타났습니다. 수입 금지의 결과 파키스탄, 방글라데시 등 가난한 나라의 아이들은 더 열악한 공장으로 옮겨서 일할 수밖에 없는 상황에 처해진다는 것입니다. 아동 노동 금지만을 주장하기보다는 아동 노동이 생길 수밖에 없는 상황에 관심을 기울이고 작업 환경이 개선되도록 기업과 정부에 압력을 가하는 게 현실적인 방법이라는 주장을 펼치기도 했습니다.

함께하기

2. 1의 글을 읽고 다음 주장에 대해 찬성과 반대 여부를 표시하고, 이 문제에 대한 해결 방법을 탐색해 봅시다.

주장 축구공을 생산하는 스포츠 브랜드 회사는 파키스탄에서 철수해야 합니다.

반대 ☐ 중립 ☐ 찬성 ☐

주장하는 이유 제시하기

이러한 문제를 해결하기 위한 방법은 어떤 것들이 있을지 적어 보기

축구공 속 인권

1. 다음 글을 읽고 축구공 산업 속 인권 실태에 대해 알아봅시다.

안녕하세요.

저는 파키스탄의 시알코트 지역에 살고 있는 열 살 파티마예요. 시알코트는 전 세계의 70%에 해당하는 양의 축구공을 생산하는 곳이에요.

여러분은 하루를 어떻게 보내나요?

이곳에서는 저를 비롯한 많은 어린이가 학교에 가질 않아요. 집을 돕기 위해서 축구공을 만들러 가지요. 축구공은 한 땀 한 땀 바느질을 해서 만들어야 해요. 하루 종일 쪼그려 앉아 축구공을 꿰매면 3개는 만들 수 있어요. 축구공 하나에 많으면 150원 정도를 받아요. 어두운 방에서 하루 종일 축구공을 만들다 보니 제 몸은 엉망이에요. 손은 바늘에 여러 번 찔려 상처가 생기고 굳은살도 박혔지요. 목과 허리도 아프고요. 심지어 제 친구는 시력을 잃었어요.

저는 훌륭한 선생님이 되고 싶어요. 그러기 위해서는 일을 하지 않고 공부해야 하지만, 제가 일을 하지 않으면 우리 가족은 먹고살 수가 없어요.

생각 열기

① 파티마가 겪고 있는 문제 상황을 마인드맵으로 정리해 봅시다.

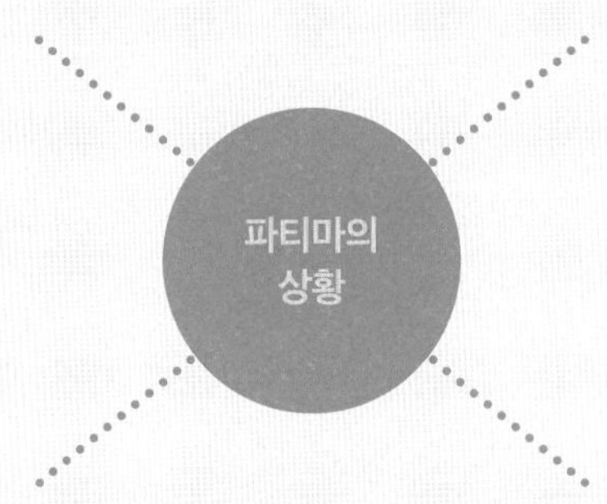

② 이러한 문제가 있음에도 불구하고 파티마가 일터에 갈 수밖에 없는 이유를 적어 봅시다.

✦ **다음 글을 읽고 인권의 의미와 특징에 대해 알아봅시다.**

어느 날 갑자기 무인도에서 살게 된다면 여러분들은 어떤 물건이 필요할까요? 그리고 어떤 이유에서 물건을 선택했나요? 아마 물건들을 선택하는 이유는 '생존', 즉 '살아남기 위해서'가 대부분을 차지할 것입니다. 우리는 살기 위해 필요한 것들을 보장받을 권리가 있습니다. 인간이기 때문입니다. 우리는 이러한 권리를 '인권'이라고 합니다.

그렇다면 여러분이 생존에 필요한 '물건만' 가지고 평생을 살아야 한다면, '인간답게' 살 수 있을까요? 누군가는 학교에 가서 공부하고 싶을 것이고, 누군가는 친구들과 즐겁게 운동장에서 뛰어놀고 싶을 것입니다. 인권은 단순히 먹고사는 문제만이 아니라 인간이 행복하고 '인간답게' 살아갈 수 있도록 보장하는 권리입니다.

인권은 누구나 보장받아야 하며, 나이 구분 없이 어린이, 청소년들도 당연히 보장받아야 할 권리입니다. 그래서 아동의 인권을 보장하고 실현하기 위해 18세 미만의 모든 아동을 권리의 주체로 본 최초의 국제 협약인 '유엔아동권리협약'이 만들어졌습니다.

1. 위 글에서 드러난 인권의 의미와 특징에 대하여 정리해 봅시다.

탐구하기

2. 활동지에 수록된 '유엔아동권리협약'의 내용을 보고 권리가 현실에서 보장되는 구체적인 장면을 표현해 봅시다.

내가 선택한 권리 ( )조 ( )

장면

설명

1. 파키스탄의 축구공 아동 노동 문제를 알리는 카드 뉴스를 제작해 봅시다.

조건 앞에서 논의된 유엔아동권리협약에 담긴 권리를 보장받으려는 방안들과 연결 지을 것

제목	

생각 열기 기술 가정

축구공 제작

1. 다음은 축구공의 전개도입니다. 활동지에 수록된 전개도를 잘라서 축구공 모형을 만들어 봅시다.

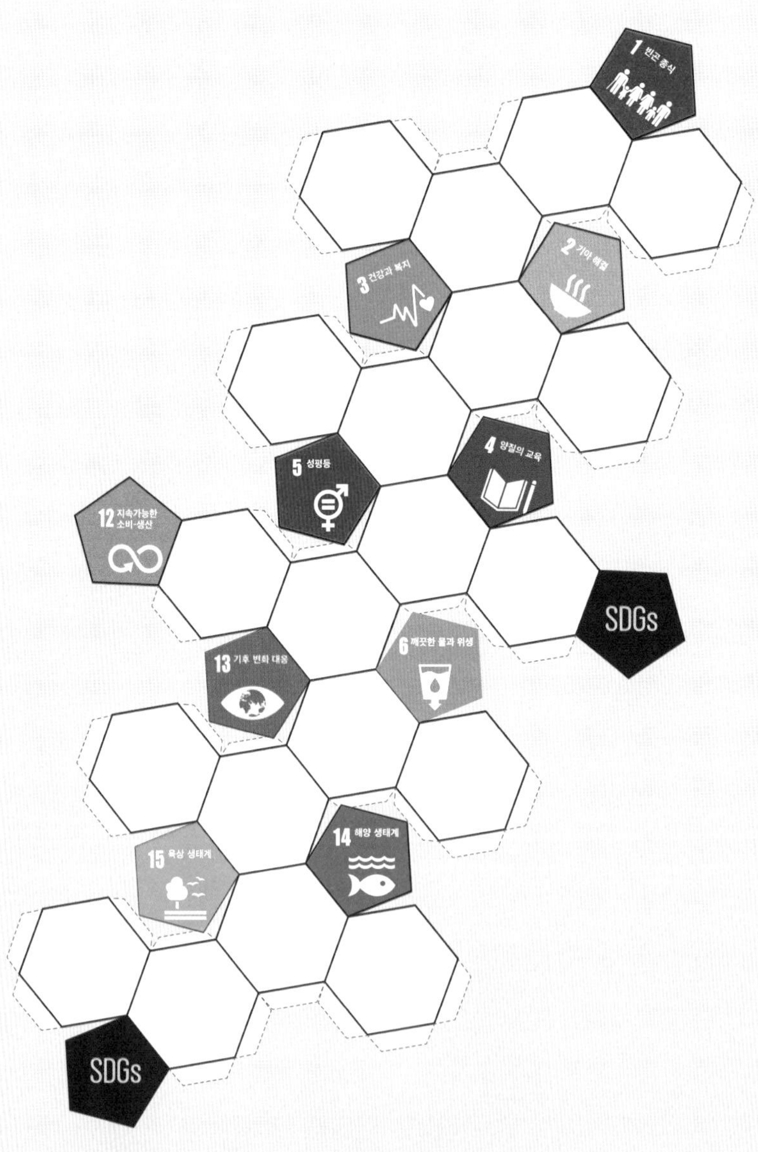

1. 프로 경기에서 사용하는 축구공은 한 변의 길이가 4.6cm인 정오각형과 정육각형으로 만들 수 있습니다. 종이나 천을 이용하여 축구공을 만들어 봅시다.

① 정오각형 그리기

❶ 반지름이 3.9cm인 원을 그립니다.

❷ 원의 중심을 지나는 수직선을 그리고, 점 A를 정합니다.

❸ 원의 중심에서 오른쪽으로 1.95cm(반지름의 1/2인 길이) 떨어진 곳(B)을 중심으로 점 A를 지나는 원을 그립니다.

❹ 점 A를 중심으로 ❸에서 그린 원이 수직선과 만나는 점(C)을 지나는 원을 그리고, ❶에서 그린 원과 만나는 점을 각각 점 D와 점 E라고 합니다.

❺ 점 D와 점 E에서 각각 점 A를 지나는 원을 그리고, ❶에서 그린 원과 만나는 점을 각각 점 F와 점 G라고 합니다.

❻ 정오각형 ADFGE를 그립니다.

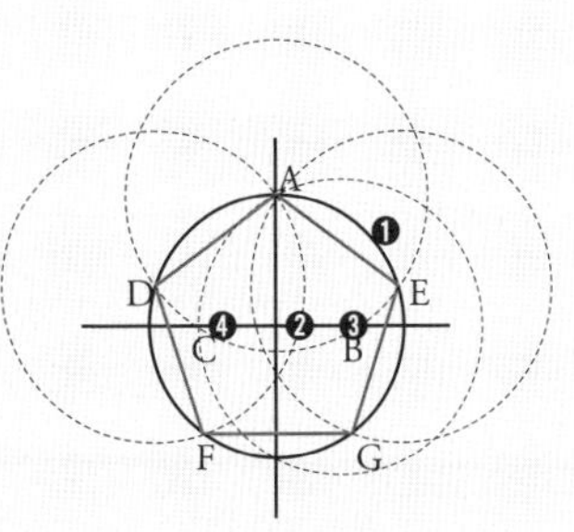

정오각형 작도 예시

탐구하기

② 정육각형 그리기

❶ 반지름이 4.6cm인 원을 그립니다.

❷ 원의 중심을 지나는 수직선을 그리고, 점 A와 점 B를 정합니다.

❸ 점 A에서 반지름이 4.6cm인 원을 그리고, ❶에서 그린 원과 만나는 점을 각각 점 C와 점 D라고 합니다.

❹ 점 B에서 반지름이 4.6cm인 원을 그리고, ❶에서 그린 원과 만나는 점을 각각 점 E와 점 F라고 합니다.

❺ 정육각형 ACEBFD를 그립니다.

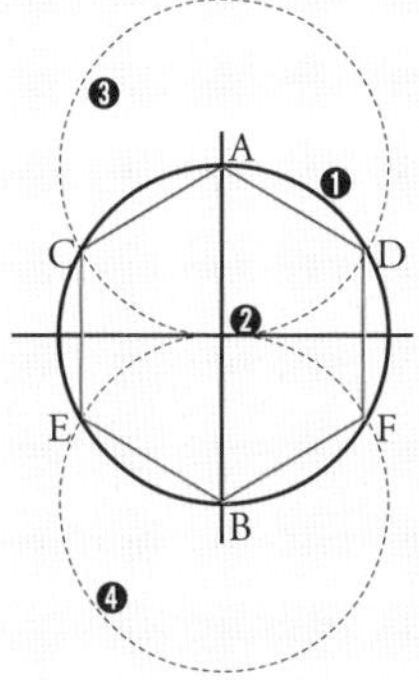

정육각형 작도 예시

1. 학급 친구들과 협력하여 1개의 축구공을 만들어 봅니다. 축구공을 만들면서 간접적으로 아동 노동을 경험한다고 할 때, 실제 축구공을 만들고 있는 아동의 노동에 대한 자기의 생각을 적어 봅시다. 완성된 축구공의 각 면을 돌려 보면서 아동 노동에 대한 친구들의 생각을 피드백할 수 있습니다.

진행 순서

❶ 학급 학생들은 정오각형과 정육각형 가운데 1개의 도형을 선택하여 만듭니다. 정오각형은 12개, 정육각형은 20개를 만들어야 합니다.
❷ 자기가 만든 도형에 아동 노동에 대한 생각을 적습니다.
❸ 바느질로 각 도형을 연결합니다.
❹ 완성된 축구공의 각 면에 적힌 친구들의 생각을 피드백합니다.

아동 노동에 대한 생각을 적어 보기

아동 노동에 대한 친구들의 생각을 피드백하기

생각 열기 미술

그림책 제작

1. QR코드를 찍어 영상을 보고 물음에 답해 봅시다.

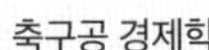
축구공 경제학

① '축구공 경제학' 영상에 담긴 이야기에 대해 적어 봅시다.

② '축구공 경제학' 영상에 담긴 이야기를 비주얼씽킹으로 표현해 봅시다.

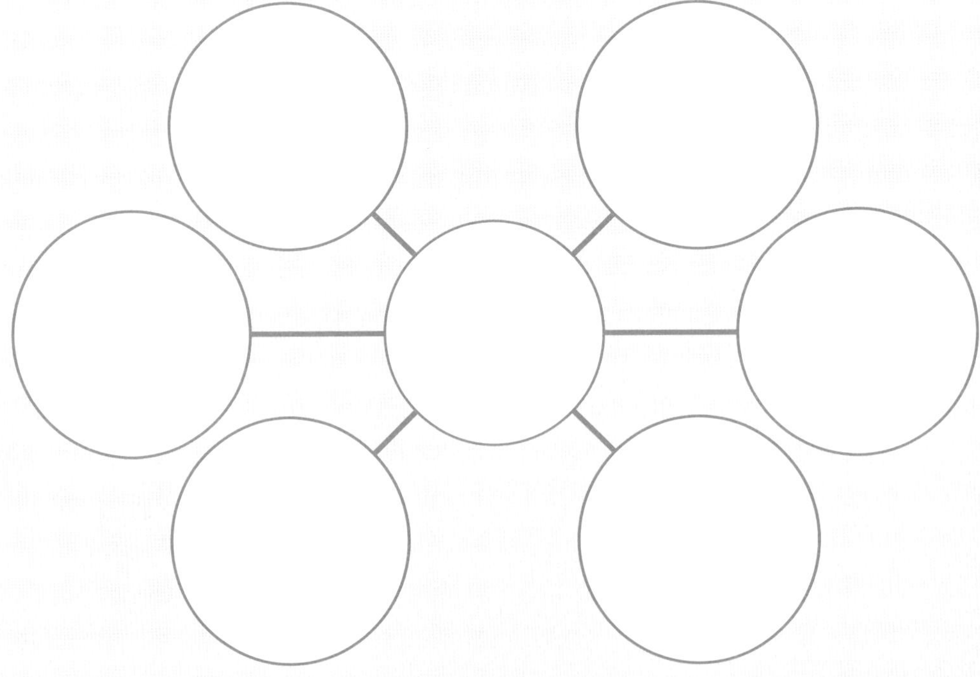

1. 축구공에 담긴 이야기를 바탕으로 미니북을 만들어 봅시다.

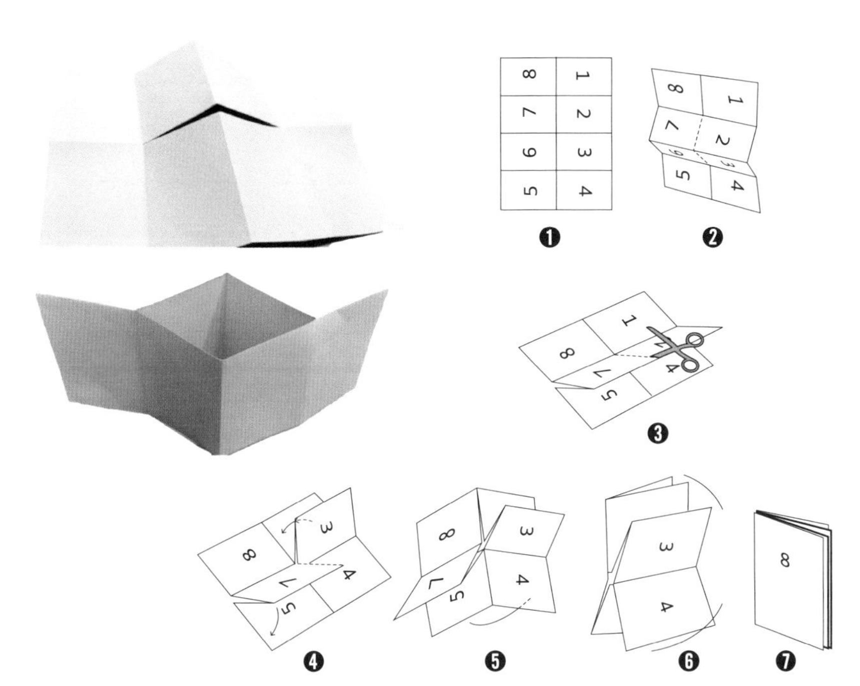

미니북 만드는 방법

❶ A4 용지에 8칸이 생기도록 접습니다.

❷ 8칸이 나오게끔 접었다면 ❸번과 같이 가위로 자릅니다.

❹ 가위로 자른 부분을 벌려 공간을 만든 뒤, ❺번과 같이 비스듬하게 접습니다.

❺ 비스듬하게 접은 후 ❻번과 같이 반으로 다시 접어주면 ❼번과 같이 미니북이 완성됩니다.

미니북에 들어갈 내용

❶ 축구에 관한 내용

(축구 역사, 경기 규칙, 리그, 컵, 유명 선수, 축구공을 만드는 회사 등)

❷ 우리가 몰랐던 축구공 이야기(요약)

❸ 아동 노동 착취 사례와 해결 방안

❹ 축구공에 담긴 이야기 중 궁금한 점

함께하기

1. 모둠별로 모둠원들이 미니북에 작성한 축구공 이야기 관련 질문과 이에 대한 답변을 정리해 봅시다.

❶ 질문

답변

❷ 질문

답변

❸ 질문

답변

❹ 질문

답변

❺ 질문

답변

❻ 질문

답변

2. 미니북에 작성한 축구공 이야기 관련 질문과 그에 대한 답변을 테셀레이션으로 표현해 봅시다. (준비물: 풀, 가위, 색연필, 싸인펜 등)

테셀레이션 예시

3. 활동 후 느낀 점을 적어 봅시다.

코로나19로 잃어버린 것들

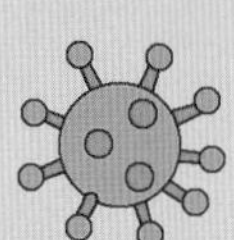

관련된 지속가능발전목표(SDGs)

지난 2020년, 우리에게 어떤 일이 일어났는지 기억하시나요?
전 세계가 코로나19로 많은 어려움과 고통을 겪었습니다. 전염병의 공포와 불안은 우리의 일상을 앗아갔고, 한편에선 가짜 뉴스, 괴담으로 약자들에게 낙인을 찍는 등 차별과 혐오를 불러왔습니다. 하지만 코로나19가 종식됐음에도 팬데믹의 공포는 여전하고, 차별과 혐오는 심각해지고 있습니다. 어쩌면 코로나19로 우리가 잃었던 게 단순히 일상만은 아닐지도 모릅니다. 과연 우리가 진정 잃어버린 것은 무엇일까요?

수업 활동의 흐름

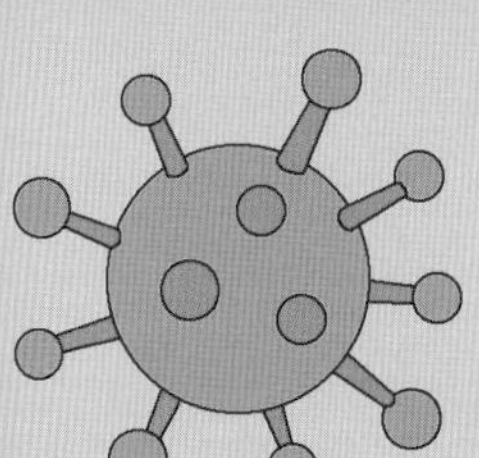

- 사회: 코로나19로 잃어버린 것들 I
- 국어: 혐오 표현과 허위 정보

- 기술 가정: 코로나19로 잃어버린 것들 II

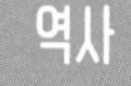

- 보건: 감염병 이야기
- 역사: 팬데믹의 역사
- 도덕: 팬데믹에 대응하기 위한 자세

- 정보: 코로나19 대응 알고리즘 만들기
- 영어: 팬데믹 대응 영자 포스터 제작하기

생각 열기 사회

코로나19로 잃어버린 것들 Ⅰ

1. 코로나19와 팬데믹(pandemic)의 사전적 의미를 검색하여 적어 봅시다.

2. 코로나19로 인해 예전과 달라진 나의 삶의 모습을 적어 봅시다.

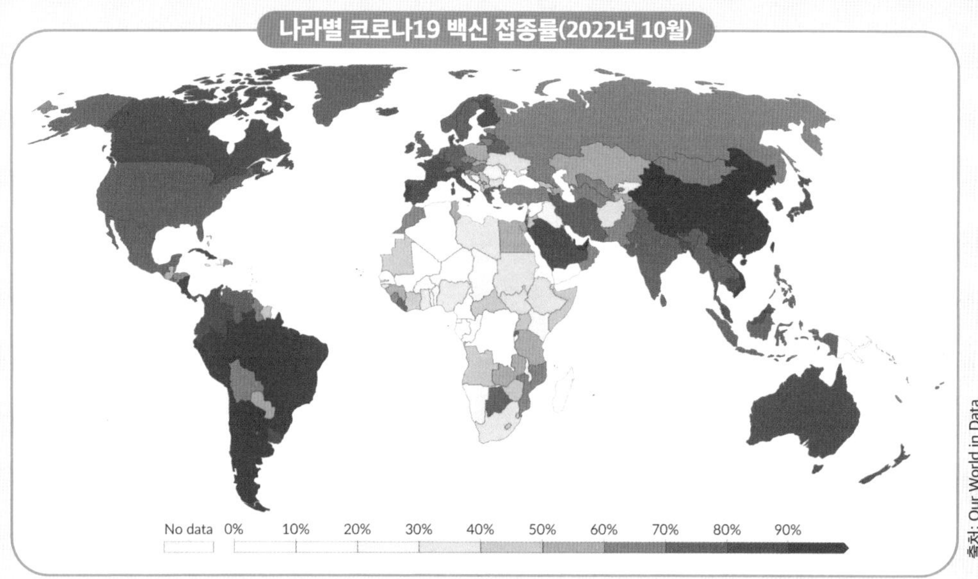

1. 위의 통계 지도를 보고 아래 빈칸을 채워 봅시다.

백신 접종률이 높은 나라	백신 접종률이 낮은 나라

2. 백신 접종율이 낮은 나라의 공통된 특징과 백신 접종율이 높은 나라의 공통된 특징을 비교하고 이에 대한 자신의 생각을 적어 봅시다.

백신 접종률이
낮은 나라 공통점
+
백신 접종률이
높은 나라 공통점
=
결과에 대한 나의 생각

함께하기

1. 모둠원들과 협의하여 코로나 바이러스로 인해 우리가 경험했던 사회적 문제를 찾아서 코로나19와의 연관성을 설명해 봅시다.

코로나19로 인해 발생한 사회 문제

사회 문제	코로나19와의 연관성 설명하기
사회 문제	코로나19와의 연관성 설명하기
사회 문제	코로나19와의 연관성 설명하기

혐오 표현과 허위 정보

✦ 다음 사진과 그림은 팬데믹 관련 혐오 표현 규탄 및 허위 조작 정보 유포 모습입니다.

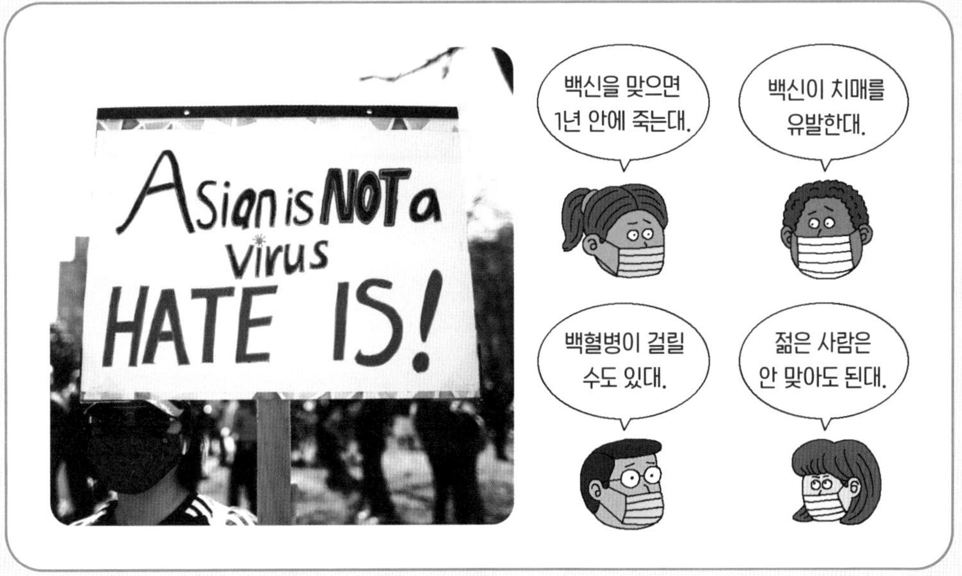

1. 팬데믹 관련 혐오 표현과 허위 조작 정보에는 어떤 것들이 있었는지 작성해 봅시다.

2. 팬데믹 관련 혐오 표현과 허위 조작 정보가 주는 피해에 대해 작성해 봅시다.

탐구하기

✦ **다음 글을 읽고 물음에 답해 봅시다.**

신종 코로나바이러스 확진자가 아시아를 넘어 아메리카, 유럽, 오세아니아까지 발생하면서 전 세계에는 신종 코로나바이러스에 대한 공포가 만연했습니다. 이런 가운데 프랑스의 한 지역신문 1면에 '코로나바이러스', '황색 경계령'이라고 붉게 강조된 문구와 함께 동양인 여성의 모습이 실렸습니다. 이 외에도 덴마크의 한 신문사는 중국 오성홍기의 별을 바이러스 모양으로 바꾸었고, 호주와 영국의 신문사에서도 중국인에 대한 차별적 문구를 사용하면서 논란이 되었습니다. 동양인이 슈퍼마켓에서 서비스하는 걸 거부하는 사람들이 있는가 하면, 교통 파업 중에 한 동양 여성이 잠재적으로 바이러스를 옮길 수 있다는 이유로 기차에서 쫓겨나는 상황까지 벌어지는 등 유럽과 영미권 국가에서 거주하는 동양인들은 신종 코로나바이러스 발생 이후, 과거보다 노골적인 혐오와 차별을 경험해야 했습니다.

1. 코로나19 이후 유럽 내 동양인이 겪는 차별과 혐오에는 무엇이 있었는지 적어 봅시다.

2. 앞의 글을 차별과 혐오가 아닌 평등과 존중의 관점에서 이야기를 재구성해 봅시다.

함께하기

1. 모둠별로 주어진 단어 카드를 활용하여 팬데믹을 주제로 한 이야기(뉴스 기사)를 만들어 봅시다.

평화	격려	사랑	정의	공평	선플	
한결같이	즐거운	행복	기쁨	선행	평등	
칭찬	나눔	기부	불행	불평등	비난	
불쌍한	인색	악플	차별	가난	못마땅한	슬픔

이야기

2. 긍정적인 단어가 들어간 이야기와 부정적인 단어가 들어간 이야기를 들은 후, 느낀 점을 말해 봅시다.

3. 챗GPT를 활용하여 혐오 표현의 의미를 알아보고, 다음 혐오 표현을 바꾸어 봅시다.

병신, 꼴페미, 씹덕, 급식충, 초딩, 국뽕, 사생팬, 김여사, 지잡대

① 혐오 표현 의미

② 혐오 표현 바꾸기

코로나19로 잃어버린 것들 II

✦ 글을 읽고 물음에 답해 봅시다.

① 청소년은 주로 친구들과 함께하는 경험을 통해 다양한 감정을 공유하며 친밀감을 유지하고 정서적 안정을 얻습니다. 이 과정에서 청소년은 서로의 생각이나 느낌의 차이를 존중할 기회를 얻게 되고, 원만한 친구 관계를 맺으려 노력하면서 사회성을 키울 수 있게 됩니다.

② 코로나19가 확산되면서 감염의 위험에 학생들이 노출되는 걸 방지하기 위해 개학을 늦추는 교육부의 조치가 시행되었습니다. 이로써 학생들은 등교 수업이 불가능해 학교에서 친구들과 만날 수 없게 되었습니다. 학생들이 사회적으로 경험해야 하는 학교생활에 큰 제한이 생긴 것입니다.

1. 다음의 경우에 어떤 일이 있었는지 자신의 경험을 작성해 봅시다.

입학식	
졸업식	
등·하교 시간	
수업 시간	
수업 후 쉬는 시간	
가족과 떠난 여행	
친척들과 만나는 명절	

2. 1에 적은 일상에서 ②의 내용과 같이 사회적 경험에 제한이 생겼을 때 청소년에게 발생할 수 있는 발달적 문제로는 어떤 것이 있을지 작성해 봅시다.

탐구하기

1. 마스크를 생활화해야 하는 경우, 청소년의 사회성과 정서적 발달에 미치는 영향은 무엇이 있을지 알아봅시다.

❶ 감정 다섯 가지를 골라 (　　　)에 적고 그 감정에 대한 표정을 그려 봅니다.
❷ 표정 중 눈을 제외한 나머지 부분과 (　　　)에 적은 감정을 가려 봅니다.
❸ 짝꿍과 교환하여 어떤 감정인지 맞혀 봅니다.

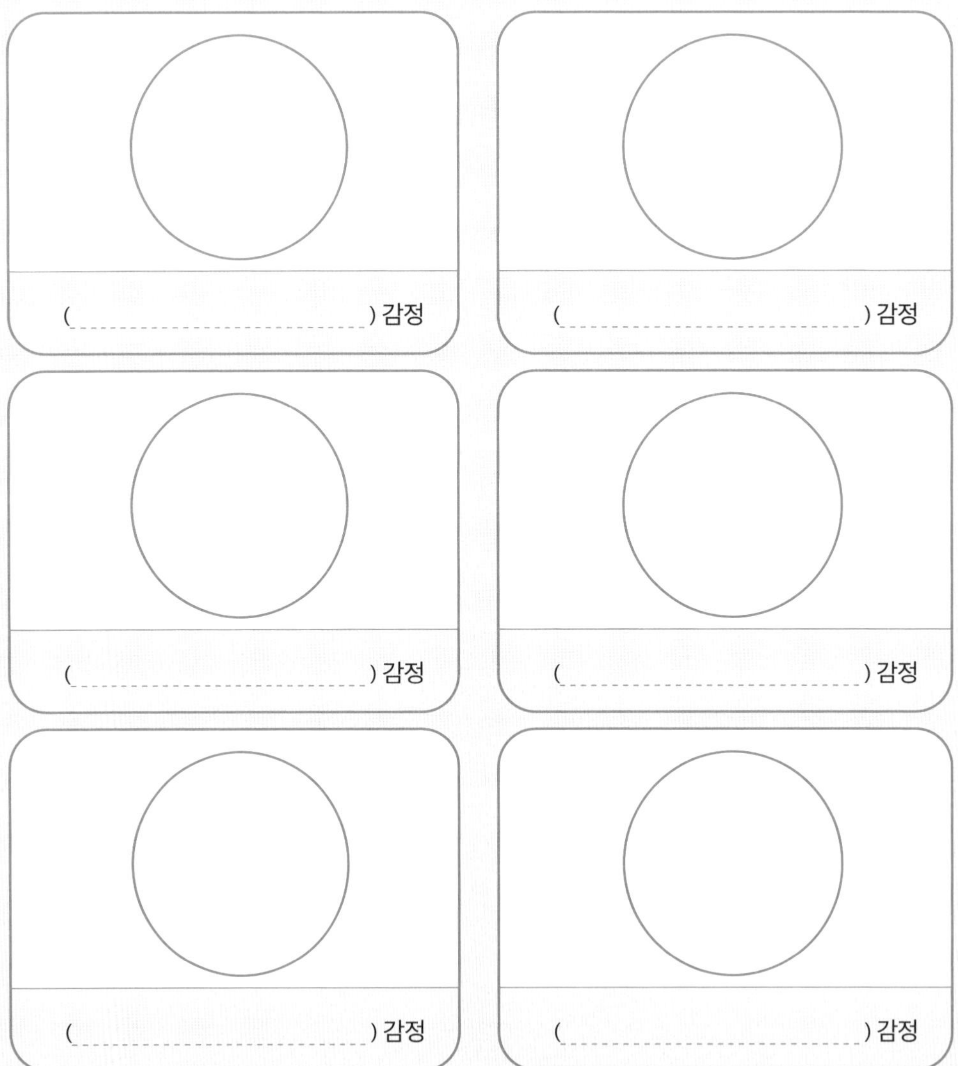

① 짝꿍의 감정을 얼마나 맞혔는지 적어 봅시다.

② 활동 후 느낀 점을 작성하고 이야기를 나누어 봅시다.

③ 마스크를 쓰고 사회적 활동을 하게 될 경우 발생할 문제에 대해 적어 봅시다.

함께하기

1. 최근 기억에 남는 경험을 글로 써 보고 그때의 감정을 표정으로 표현해 봅시다.

2 내 경험에 공감하는 친구 세 명을 찾아 봅시다.

❶ 다른 친구들에게 내 경험을 소개합니다.
❷ 친구가 내 경험에서 어떤 감정이 들었는지 표정으로 그려 달라고 합니다.
❸ 친구가 내 경험에서 느낀 점을 글로 적어 달라고 합니다.

친구의 글을 읽고 느낀 감정	느낀 점

감염병 이야기

1. 다음은 계절별로 주의해야 할 감염병입니다. 내가 걸렸던 감염병에 표시하고, 경험했던 대표적인 증상을 적어 봅시다.

계절	감염병	
봄철	□ 유행성이하선염	□ 수두
여름철	□ 레지오넬라증 □ 비브리오패혈증 □ 수족구병 □ 중등열성혈소판 감소 증후군(SFTS)	□ 말라리아 □ 살모넬라균 감염증 □ 장출혈성대장균 감염증 □ 캄필로박터균 감염증
가을철	□ 렙토스피라증 □ 신증후군출혈열 □ 쯔쯔가무시증	□ 백일해 □ 일본뇌염
겨울철	□ 노로바이러스 감염증 □ 인플루엔자(독감)	□ 마이코플라스마 폐렴균 감염증 □ 호흡기 세포융합바이러스 감염증
연중	□ 코로나바이러스감염증-19	

출처: 감염병포털

위에서 감염되었다고 표시한 감염병 가운데 한 가지를 적고, 경험했던 대표적인 증상을 적어 봅니다.

감염병	대표 증상
	□ □ □ □ □ □ □

탐구하기

✦ 다음 글을 읽고 법정 감염병에 대해 알아봅시다.

감염병은 전파 속도가 빠르고, 다양한 분야에서 피해를 유발할 수 있으므로 개인과 공동체가 함께 예방하기 위해 노력해야 합니다. 또한 감염병의 예방과 관리를 목적으로 법으로 지정하고 있으며, 이를 '법정 감염병'이라고 합니다. 법정 감염병은 유행 양상과 감염 매개 수단 등에 따라 1급, 2급, 3급, 4급, 기생충 감염병, 세계보건기구 감시대상 감염병, 생물 테러 감염병, 성 매개 감염병, 인수공통 감염병, 의료 관련 감염병, 검역 감염병으로 구분하여 국가에서 관리하고 있습니다.

1. QR코드를 찍어 질병관리청에서 제공하는 감염병포털에 접속해 법정 감염병을 검색해 보고 새롭게 알게 된 정보를 적어 봅시다.

법정 감염병 검색

감염병 명	감염병 분류	특징
		• 잠복기: • 증상: • 치료:
		• 잠복기: • 증상: • 치료:
		• 잠복기: • 증상: • 치료:
		• 잠복기: • 증상: • 치료:
		• 잠복기: • 증상: • 치료:

2. QR코드를 찍어 코로나19 감염 경로를 조사하고 세부 내용을 표에 적어 봅시다.

코로나19
감염 경로

구분	특징
전파의 기본 경로	
전파 유형	• (흡입) • (접촉) • (표면접촉)
공기 전파가 가능한 상황	❶ ❷ ❸

3. QR코드를 찍어 감염병 발생 현황을 살펴보고 이번 달의 감염병 발생 순위를 조사하여 적어 봅시다.

감염병
발생 현황

순위	감염병 명	감염자 수	전월 대비 증감	순위	감염병 명	감염자 수	전월 대비 증감
1				6			
2				7			
3				8			
4				9			
5				10			

탐구하기

① 감염병별 통계를 조회하여 적어 봅시다.

❶ 감염병을 선택해 클릭합니다.
❷ '지역과 시기 선택'에서 연도와 월을 선택하고, '조회' 버튼을 누릅니다. (예 2024년 1월)
❸ '월간 확진자 수'를 확인하고, 아래의 표에 기록합니다.
❹ ❶-❷단계를 반복합니다.

감염병 명	최근 12개월간 감염병 발생 추이(명)			
	20 년 월	20 년 월	20 년 월	20 년 월
	20 년 월	20 년 월	20 년 월	20 년 월
	20 년 월	20 년 월	20 년 월	20 년 월
감염병 발생 추이 분석 결과				

② ①에서 선택한 감염병의 최근 한 달간 연령별 감염자 수를 적어 봅시다.

감염병 명	한 달간 연령별 감염자 수			
	0-9세	10-19세	20-29세	30-39세
	40-49세	50-59세	60-69세	70세 이상
분석 결과				

1. 감염병에 걸렸을 때 추가 확산을 방지하기 위해 개인이나 공동체 차원에서 할 수 있다고 생각하는 것을 적어 봅시다.

함께하기

2. 국가 차원의 감염병 예방 및 관리 방안에 대해 의견을 나눠 봅시다.

유형	감염병 명
인수 공통 감염병	❶ 장출혈성대장균 감염증 ❷ 일본뇌염 ❸ 브루셀라증 ❹ 탄저 ❺ 공수병(광견병) ❻ 동물인플루엔자 인체감염증 ❼ 중증급성호흡기증후군(SARS) ❽ 변종크로이츠펠트-야콥병(vCJD) ❾ 큐열 ❿ 결핵 ⓫ 중증열성혈소판감소증후군(SFPS) ⓬ 장관감염증: 살모넬라균 감염증, 캄필로박터균 감염증
생물 테러 감염병	❶ 탄저 ❷ 보툴리눔독소증 ❸ 페스트 ❹ 마버그열 ❺ 에볼라바이러스병 ❻ 라싸열 ❼ 두창 ❽ 야토병
검역 감염병	❶ 콜레라 ❷ 페스트 ❸ 황열 ❹ 중증급성호흡기증후군(SARS) ❺ 동물인플루엔자 인체감염증 ❻ 신종인플루엔자 ❼ 중동호흡기증후군(MERS) ❽ 에볼라바이러스병 ❾ 그 외 보건복지부 장관이 고시하는 감염병
세계보건기구 감시대상 감염병	❶ 두창 ❷ 폴리오 ❸ 신종인플루엔자 ❹ 중증급성호흡기증후군(SARS) ❺ 콜레라 ❻ 폐렴형 페스트 ❼ 황열 ❽ 바이러스성 출혈열 ❾ 웨스트나일열

출처: 감염병포털

유형	국가 차원의 감염병 예방 및 관리 방안
인수 공통 감염병	
생물 테러 감염병	
검역 감염병	
세계보건기구 감시 대상 감염병	

팬데믹의 역사

✦ **다음 글을 읽고 생각해 봅시다.**

2020년, WHO에서는 코로나19에 대해 팬데믹을 선언했습니다. 홍콩 독감, 신종플루에 이은 세 번째 팬데믹 선언이었습니다. 그럼, 이전 시대에는 어떤 감염병이 전 세계에 유행했을까요?

14세기, 중세 시대에는 '흑사병'이 유행했습니다. 이는 페스트균 감염으로 일어나는 전염병으로 사망 직전에 피부가 검은색으로 변해서 '흑사병'이라는 이름이 붙었습니다. 이 흑사병은 당시 유럽 인구 3분의 1 이상을 사망에 이르게 할 정도로 큰 피해를 주었습니다.

▲ 흑사병을 치료하는 의사의 모습

원래 흑사병은 중국 서남부 지방, 중앙아시아 지역의 풍토병이었습니다. 그런데 어떻게 아시아의 풍토병이 먼 유럽까지 건너가게 된 걸까요? 이에 관해 세 가지 설이 존재합니다.

첫 번째는 몽골제국의 군대가 유럽을 침략할 때 균이 이동했다는 설입니다. 이를 주장하는 학자들은 흑사병으로 죽은 몽골인의 시신을 던지는 것을 몽골군이 일종의 전략으로 사용했다고 말하고 있습니다.

두 번째는 실크로드를 이용해 아시아와 유럽을 왕래하던 상인들에 의해 흑사병이 퍼졌다는 설입니다.

세 번째는 흑해에서 출발한 한 배가 시칠리아에 도착했는데 이미 흑사병으로 사망한 사람들로 가득한 배였다는 설입니다. 시칠리아에서는 배를 항구에서 떠나도록 명령했지만 이미 흑사병은 퍼져 버리고 말았습니다.

생각 열기

1. 흑사병 유행의 원인을 밝힌 세 가지 설을 비주얼씽킹으로 표현해 봅시다.

2 위 원인들의 공통적인 특징을 다음 글과 연결을 지어 이야기해 봅시다.

팬데믹은 제한된 지역에서 유행하는 풍토병과는 달리 두 대륙 이상의 넓은 지역에 걸쳐 일어난다.

✦ 다음 글을 읽고 흑사병 유행 이후의 유럽의 사회상을 알아봅시다.

▲ 14세기 흑사병의 참상을 그린 피터르 브뤼헐의 〈죽음의 승리〉

14세기 중엽, 흑사병이 유행하면서 정말 많은 사람이 죽었습니다. 사람들이 많이 죽었다는 것은 그만큼 일할 사람이 크게 줄었다는 이야기이기도 합니다. 인구가 크게 줄어 노동력이 부족해지자, 유럽 중세의 근간이었던 봉건제도가 흔들리기 시작했습니다. 노동력이 귀해져 영주들은 농노의 처우를 개선해 주었습니다. 농노들은 더 많은 임금을 지불받았고 생활 수준도 향상되었죠. 결국 이러한 과정에서 장원은 점차 해체되었습니다.

흑사병은 또 교회의 지위를 떨어뜨렸습니다. 당시 교회는 질병이 신이 내린 징벌이라고 이야기하며 사람들에게 회개하라고 말했지만, 흑사병은 교회의 사제들마저도 죽음에 이르게 만들었습니다. 죄를 지은 자, 짓지 않은 자 모두가 죽어 나가는 상황에서 사람들은 신의 존재에 의문을 품기 시작했지요. 교회의 권위는 날로 무너져 갔고, 이는 사람들의 세계관이 신 중심에서 인간 중심으로 이동하며, 르네상스가 등장하는 계기를 만들었습니다.

1. 흑사병이 가져온 사회 변화는 무엇이 있는지 적어 봅시다.

탐구하기

2. 코로나19가 우리 사회에 가져온 사회 변화에 대해서 만다라트로 표현해 봅시다.

	경제			문화			생활	
			경제	문화	생활			
	교육		교육	사회 변화	의식		의식	

3. 다음 글을 읽고 자신의 생각을 적어 봅시다.

흑사병은 이상한 소문을 낳기도 했습니다. 이 무서운 병을 마녀가 악마와 손을 잡고 퍼뜨렸다는 소문이었죠. 어려운 시기에 사람들은 자신들이 겪는 불안과 두려움, 고통의 원인을 찾고자 했습니다. 그리고 그 원인에 대한 증오와 혐오를 표출하기 시작했는데, 그 대상은 과부, 노인과 같은 힘이 없는 약자들이었죠.

흑사병과 마찬가지로 코로나19 역시 약자에 대한 많은 혐오와 증오 현상을 낳았습니다. 2020년, 미국에서 마스크를 쓴 아시아계 여성이 무차별 폭행을 당했는데, 아시아로부터 코로나19가 전파되었다는 이유 때문이었죠. 우리나라에서도 이는 남의 일이 아니었습니다. '코로나 왕따'라는 말이 있을 정도로 코로나19 초반, 감염자에 대한 혐오가 만연했습니다. 사람들은 이러한 혐오 현상들을 '현대판 마녀사냥'이라고 말합니다. 전문가들은 편견과 증오 현상은 오히려 감염병 치료에 방해가 될 수 있다고 했는데, 이는 편견과 증오로 인한 수치심, 스트레스로 확진자가 증상을 숨길 수 있기 때문입니다.

① 흑사병과 코로나19로 인해 사람들의 약자를 향한 '마녀사냥'은 어떻게 이루어졌는지 본문 이외의 내용을 조사하여 적어 봅시다.

흑사병	코로나19

② 더 이상 흑사병과 코로나19로 인한 마녀사냥이 나오지 않기 위해서는 어떻게 해야 할까요? 편견, 혐오, 증오 현상을 줄이기 위한 역사적 움직임들을 찾아보고 자신의 생각을 적어 봅시다.

'힘내라 대구', '힘내라 경북' 캠페인은 대구, 경북을 향한 혐오를 줄이는 데 일조했다는 평을 받는다.

함께하기

1. 흑사병과 코로나19처럼 감염병이 세계 역사에 영향을 미친 사례를 조사해 봅시다.

내가 조사한 감염병	
감염병 설명	
감염병의 원인	
감염병이 사회에 미친 영향	

2. 감염병의 역사적 원인과 영향을 조사하면서 느낀 점을 적어 봅시다.

팬데믹에 대응하기 위한 자세

✦ **다음 표를 보고 물음에 답해 봅시다.**

2000년 이후 발생한 바이러스

	사스	신종플루	메르스	코로나19
최초 발생	2002년 11월 중국 광둥성	2009년 3월 미국 샌디에이고	2012년 6월 사우디아라비아	2019년 12월 중국 후베이성
감염자	8,000여 명	163만여 명	1,500여 명	7억 7,000만여 명 2024년 5월 기준
사망자 (치사율)	800여 명 (약 10%)	1만 9,000여 명 (약 1%)	600여 명 (약 40%)	700만여 명 (1%) 2024년 5월 기준
국내 감염자 (사망자)	4명 (없음)	10만여 명 (300여 명)	186명 (38명)	3,457만여 명 (3만 5,000여 명) 2023년 8월 기준

출처: 감염병포털 〈인류와 함께 살아온 바이러스〉, 대한민국역사박물관 소식지《역사공감》

1. 위 바이러스들의 공통점은 무엇인지 적어 봅시다.

2. 위 바이러스와 관련된 뉴스 혹은 기사를 찾아보고, 그 심각성에 대해 짝과 함께 이야기해 봅시다.

탐구하기

✦ 다음 글을 읽고 물음에 답해 봅시다.

인수 공통 감염병(人獸共通感染病)은 동물과 사람 사이에 전파되는 병원체에 의해 발생하는 감염병입니다. 대표적으로 사스, 메르스, 신종인플루엔자, 코로나19 등이 있습니다. 이 감염병들은 인간에게 해를 입히지 않았던 병원체가 새로운 감염병을 일으킨다는 의미에서 신종(emerging)으로 분류되기도 합니다. 그런데 최근 인수 공통 감염병이 계속해서 늘어나고 있습니다. 전문가들은 산림 파괴와 경지 개발 등으로 인해 동물과 사람의 접촉이 빈번해진 점에서 그 원인을 찾고 있습니다. 동물과 사람이 자주 밀접하게 접촉함에 따라 동물에 있던 병원체가 매우 쉽게 인간에게 전파된다는 것입니다. 그 외에도 생태계가 변화함에 따라 병원체의 변이가 쉽게 일어나는 것도 중요한 이유 중 하나입니다. 밀림 야생 동물에게 존재하는 에볼라 바이러스의 경우, 농장 확대·개발로 인해 서식지가 파괴되고 숲이 없어지면서 새로운 환경에 맞춰 스스로 변화하여 인간에게까지 전파됐습니다. 실제로 에볼라 바이러스가 발생한 서부 아프리카 지역을 조사한 결과, 산림을 없앤 지역에서 에볼라 바이러스의 전파 확률이 더 높았습니다. 이처럼 에볼라 바이러스를 비롯해 2002년 사스, 2009년 신종플루, 2012년 메르스, 2019년 코로나19 등 인수 공통 감염병은 계속해서 인류를 위협하고 있습니다. 무엇보다 모든 동물에게 사람과 동등한 수준의 조치를 하는 것이 불가능하기 때문에 완전 박멸이 어려웠고, 그때마다 사람들은 공포에 빠졌고, 사회적으로 큰 비용을 치러야 했습니다. 지금도 감염병의 위협은 여전히 진행형이며, 인류는 변화무쌍한 바이러스의 공격에 속수무책 상황에 직면하곤 합니다.

그러나 인수 공통 감염병의 근본적인 발생 원인은 동물이 아닌 인간일 수 있습니다. 동물들은 오랜 세월 그들의 영역에서 벗어나지 않고 살아가고 있었습니다. 동물들의 영역을 침범하여 파괴하고 불필요한 접촉을 한 것은 인간이기 때문입니다. 결국 인수 공통 감염병의 책임은 동물들이 아닌 인간에게 있는 것입니다. 인간이 동물들의 삶을 터전을 지금처럼 계속 파괴한다면 인수 공통 감염병의 위험은 증가할 수밖에 없을 것입니다.

1. 인수 공통 감염병의 원인은 무엇인지 적어 봅시다.

2. 인수 공통 감염병으로 인해 발생한 피해와 예방 수칙 및 행동 요령에 대해 알아봅시다.

함께하기

1. '팬데믹에 대응하기 위한 자세'를 주제로 창문 열기 토의토론을 해 봅시다.

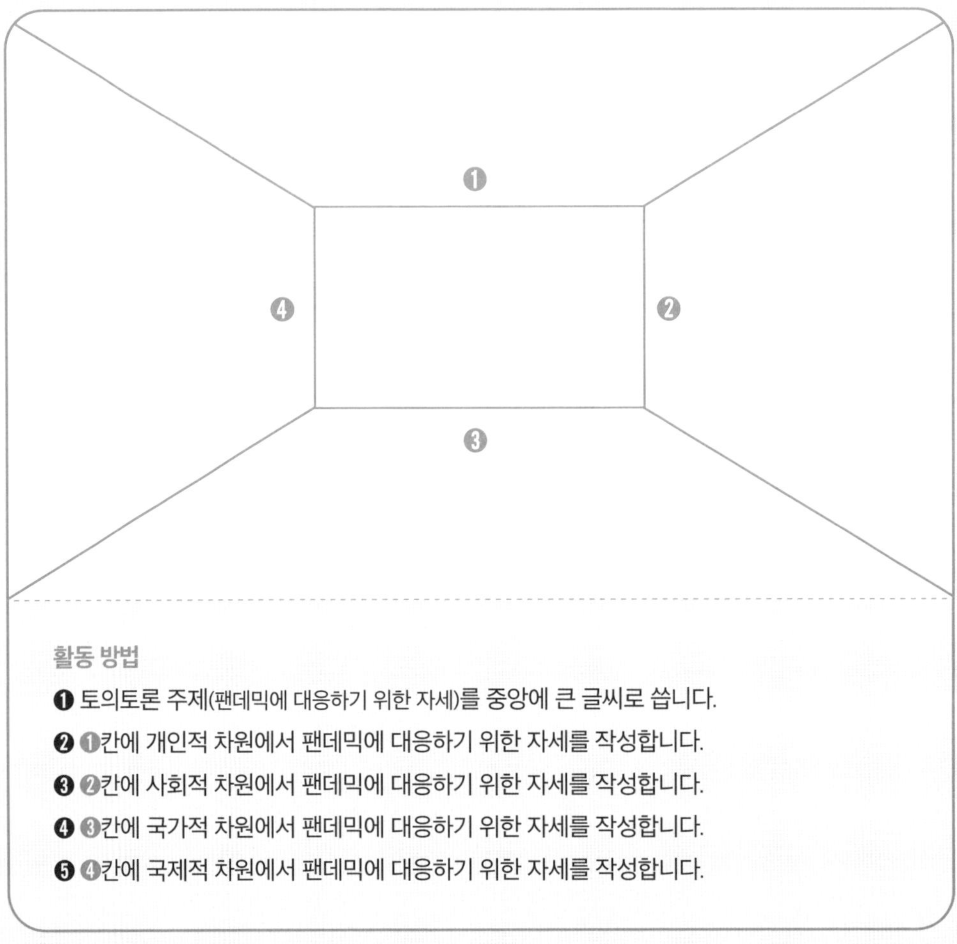

활동 방법

❶ 토의토론 주제(팬데믹에 대응하기 위한 자세)를 중앙에 큰 글씨로 씁니다.
❷ ❶칸에 개인적 차원에서 팬데믹에 대응하기 위한 자세를 작성합니다.
❸ ❷칸에 사회적 차원에서 팬데믹에 대응하기 위한 자세를 작성합니다.
❹ ❸칸에 국가적 차원에서 팬데믹에 대응하기 위한 자세를 작성합니다.
❺ ❹칸에 국제적 차원에서 팬데믹에 대응하기 위한 자세를 작성합니다.

2. 활동 후 나의 소감을 적어 봅시다.

코로나19 대응 알고리즘 만들기

1. 감염병에 관한 키워드를 적어 봅시다.

구분	키워드				
문제의 원인					
문제의 확산					
해결 방안					
향후 과제					

탐구하기

1. 문제 해결에 적합한 전략을 선택하기 위해서는 문제 해결에 필요한 핵심 요소를 추출하는 것이 필요합니다. 복잡한 문제의 경우 작은 문제로 나누어 생각하면 핵심 요소를 추출할 수 있습니다. 그럼, 아래 해결해야 할 문제를 작은 문제로 나누어 봅시다.

해결해야 할 문제

'코로나19'의 완전한 종식

- 현재 상태: '코로나19'에 사람들이 감염됨
- 목표 상태: '코로나19'에 감염되는 사람들이 없도록 완전히 종식하기

작은 문제 ❶

작은 문제 ❷

작은 문제 ❸

작은 문제 ❹

2. 나뉜 작은 문제를 해결하는 데 필수적인 요소를 추출해 봅시다.

작은 문제	핵심 요소	핵심 요소로 선택한 이유
❶		
❷		
❸		
❹		

3. 추출한 핵심 요소 중에 한 가지를 선택하여 순서도로 표현해 봅시다.

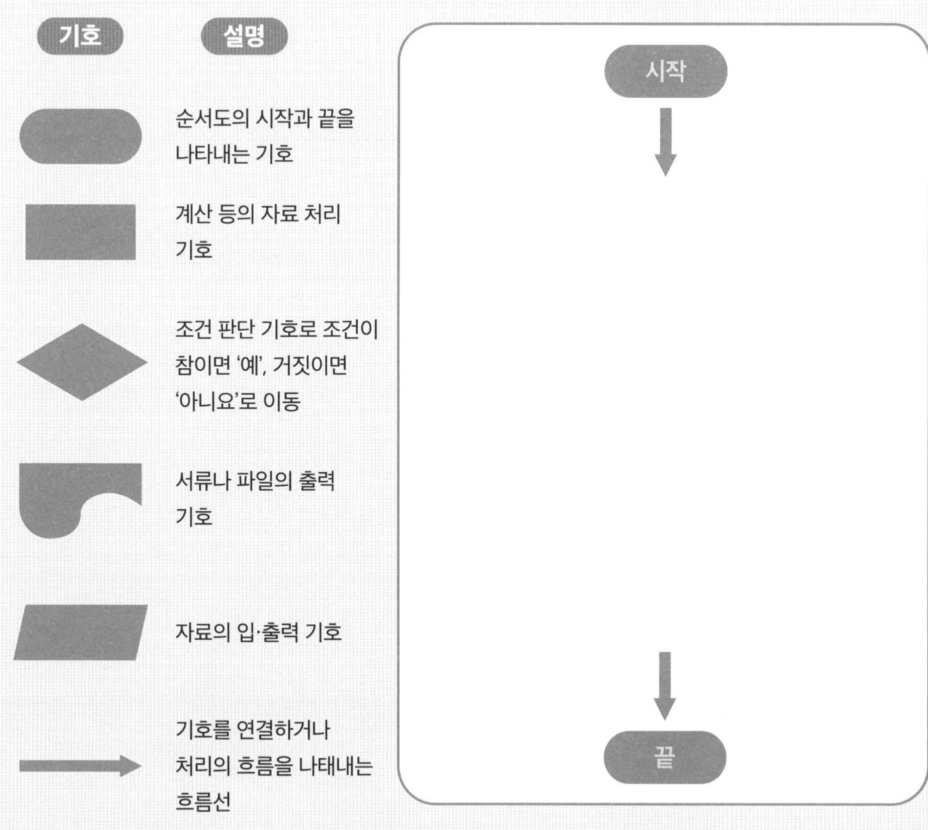
기호
설명
순서도의 시작과 끝을 나타내는 기호
계산 등의 자료 처리 기호
조건 판단 기호로 조건이 참이면 '예', 거짓이면 '아니요'로 이동
서류나 파일의 출력 기호
자료의 입·출력 기호
기호를 연결하거나 처리의 흐름을 나타내는 흐름선
시작
끝

함께하기

1. 자신과 비슷한 핵심 요소를 표현한 다른 사람의 순서도를 선택합니다. 선택한 순서도를 아래 표에 그리고, 그 순서도를 개선해 봅시다.

❶ 나와 비슷한 핵심 요소를 표현한 순서도를 탐색하기
❷ 다른 사람의 순서도 중에서 핵심 요소를 잘 해결한 순서도를 선택하기
❸ 문제 해결의 과정과 흐름을 더 쉽게 파악할 수 있도록 다른 사람의 순서도를 개선하기

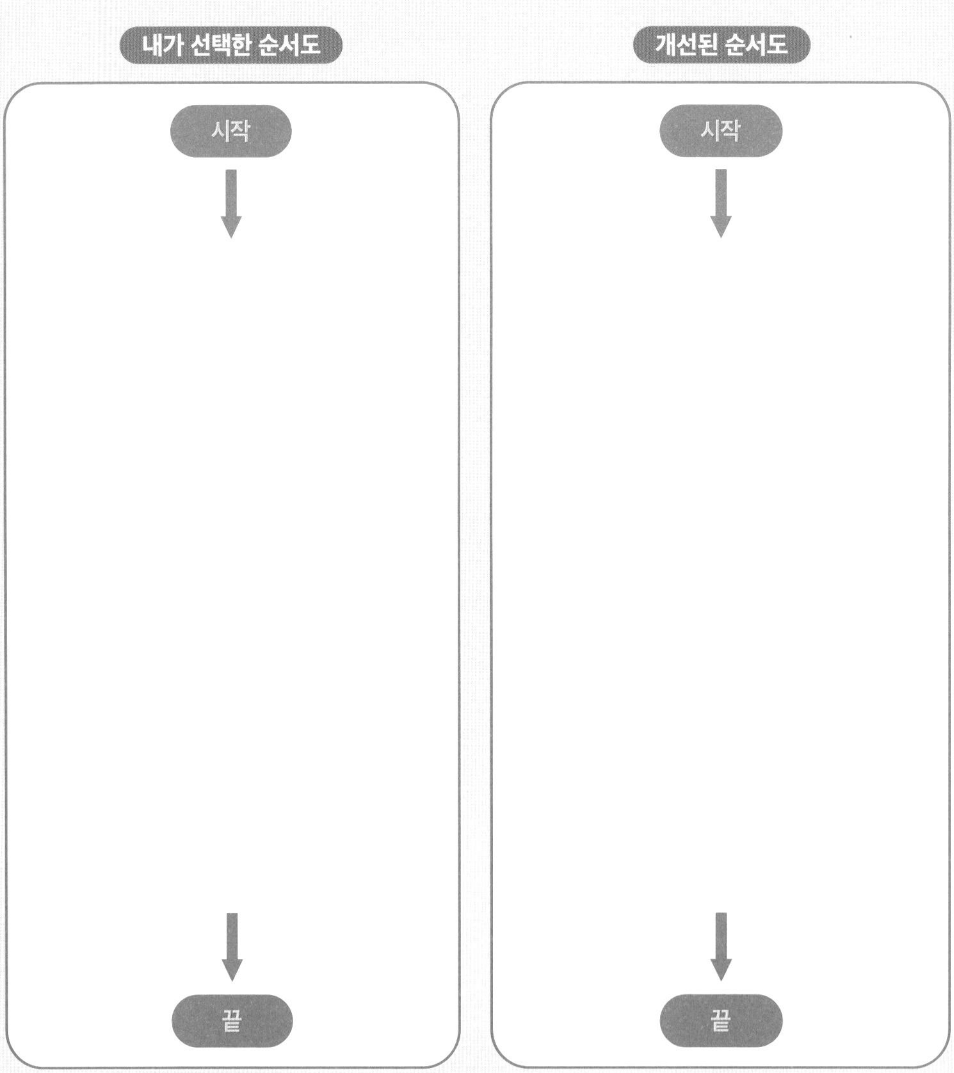

팬데믹 대응 영자 포스터 제작하기

✦ 다음 물음에 답해 봅시다.

1. How has Covid-19 affected your life?

2. What can we do to prevent future pandemics?

탐구하기

1. 미래의 팬데믹에 대응하기 위해 어떤 노력이 필요한지 생각하며 읽어 봅시다.

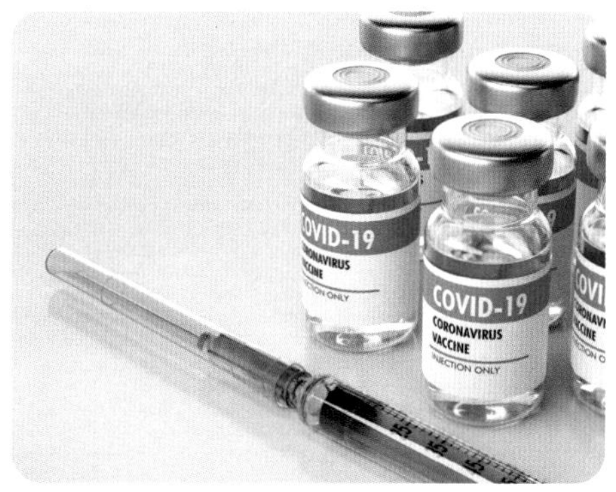

First of all, an effective infectious disease response plan is needed to prevent a pandemic.
This must be established through the cooperation of the government and relevant agencies.
Infectious disease response plans must have a comprehensive strategy that includes early diagnosis and action, strengthening medical personnel and facilities, providing public education and information, and responding to crisis situations. These plans must be periodically reviewed and improved.

Next, efforts are needed at the individual and community level to prevent infection. Individuals can prevent infection by frequently washing their hands, wearing a mask, and practicing social distancing. Additionally, communities should strengthen hygiene practices in public places and on public transportation, and minimize gatherings or events to prevent the spread of infection.

Meanwhile, advances in medical and scientific technology play an important role in preventing pandemics. The development of rapid diagnostic kits and effective vaccines and treatments can prevent the spread of infectious diseases. Also, monitoring and research into new virus variants must continue.

Lastly, international cooperation is essential to prevent pandemics. Infectious diseases spread quickly across borders, so information sharing and cooperation between countries are important. International organizations and organizations must make continuous efforts.
We must provide international medical and infrastructure support.

① 미래의 팬데믹 대응을 위해 본문에서 제시한 방법을 요약하여 정리해 봅시다.

② 본문 이외에 미래의 팬데믹에 효과적으로 대응하기 위해 어떤 노력이 필요할지 적어 봅시다.

함께하기

1. 팬데믹에 대응하기 위한 방법을 생각하며 마인드맵을 완성해 봅시다.

effective ____________________

____________________ in medical and scientific technology

What should We Do to prevent future pandemics?

strengthen ____________________

international ____________________

2. 마인드맵을 바탕으로 팬데믹에 대응하기 위한 영자 포스터를 완성하세요.

How to prevent future pandemics!

세상의 10명 중 1명이 굶주린다고?

관련된 지속가능발전목표(SDGs)

전 세계 인구의 10%는 충분한 음식을 얻지 못해 굶주림에 시달리고 있습니다. 반면 세계에서 버려지는 음식물 쓰레기양은 생산된 식량의 19%나 됩니다. 같은 세계에 살지만 너무나도 다른 모습입니다. 왜 이런 문제가 발생하는 걸까요? 단순히 식량이 부족해서일까요? 지구촌에서 발생하는 기아의 원인은 다양합니다. 우리가 이러한 문제를 극복하기 위해 어떠한 노력이 필요한지 생각해 봅시다.

수업 활동의 흐름

- **기술 가정** 영양의 중요성
- **사회** 기아 지도 분석하기
- **수학** 기아 관련 인포그래픽
- **역사** 빈곤의 역사
- **도덕** 기아를 해결할 수 있는 태도
- **국어** 해외 원조에 대한 생각 나누기
- **과학** 식량을 나눌 수 있는 방안은?
- **영어** 기아 관련 영자 신문 제작

영양의 중요성

1. 지구촌 청소년들의 영양 문제에 대한 글을 읽고 그 원인이 무엇인지 분석해 봅시다.

아프리카의 한 소녀는 얼마 전 어머니를 잃었습니다. 이 소녀의 어머니는 오염된 물을 먹고 구토와 설사에 시달리다 적절한 치료를 받지 못했습니다. 이곳은 정부의 예산 부족으로 정화 시설이나 상수도 시설이 없어 제대로 된 식수를 제공받지 못하는 경우가 대부분입니다. 소녀는 물을 길러 오랜 시간을 걸어가야 했고 그 길에서 짐승을 만날까 노심초사해야 했습니다. 그렇게 구한 물은 맨눈으로 보아도 불순물이 섞인 비위생적인 물이어서 각종 전염병에 걸리기 쉬웠습니다.

또래 아이들보다 체중이 많이 나가는 영국의 한 소년이 있습니다. 이 소년은 햄버거나 감자튀김, 또는 냉동식품과 같은 인스턴트식품을 주로 먹었습니다. 소년이 햄버거를 좋아해서 그런 것이 아닙니다. 이 가정의 수입으로는 영양이 풍부하고 맛도 좋은 식품을 살 수 있는 형편이 아니었기 때문입니다. 이처럼 빈곤으로 인해 비만과 과체중에 시달리고 있는 아이들은 성인병 위험에도 노출되어 있습니다.

① 두 글에서 청소년들은 어떤 영양 문제가 있는지 적어 봅시다.

② 글을 통해 지구촌 청소년들이 겪는 영양 문제의 원인은 무엇이라고 생각하는 적어 봅시다.

③ 위에 답한 내용을 바탕으로 다음의 키워드를 검색하여 우리나라 결식 청소년의 영양 문제와 원인을 조사하고 내용을 정리해 봅시다.

키워드 결식아동, 급식카드, 보건복지부 권고 금액, 비만, 성인병

탐구하기

✦ **다음 글을 읽고 물음에 답해 봅시다.**

빈곤으로 인한 청소년 영양 문제의 원인은 다양합니다. 성장과 발달을 위한 충분한 영양 공급을 위해 편성된 지원금이 제한되어 있고, 제대로 식사할 수 있는 환경, 즉 돌봐줄 사람이나 조리를 할 수 있는 시설이 마련되기가 쉽지 않다는 문제도 존재합니다.

1. 결식아동에 대한 급식 지원비(1식 8,000원-1만 원)로 한 끼 식사를 한다면 어떻게 할 수 있을지 식단을 구성해 봅시다.

식단 구성 내용	
가격대	

2. QR코드를 찍어 1에서 작성한 식단을 검색해 보고 영양 성분을 분석해 봅시다.

영양 성분	1회 제공량당 함량	1일 영양 성분 기준치
탄수화물		
지방		
단백질		
무기질		
비타민		

식품 영양 성분 데이터베이스

3. 구성한 식단으로 매일 식사를 하게 된다면 영양 부분에서 어떤 결과를 가져올지 적어 봅시다.

함께하기

1. 빈곤으로 인한 영양 문제 해결에 도움이 될 수 있는 식단을 모둠별로 구성하고 직접 조리해 봅시다.

조건	
	• 8,000원 - 1만 원으로 구성할 수 있는 식단 • 1일 영양 성분 기준을 고려하여 식단을 구성할 것(앞 장의 QR코드 활용) • 누구나 쉽게 조리가 가능한 식단

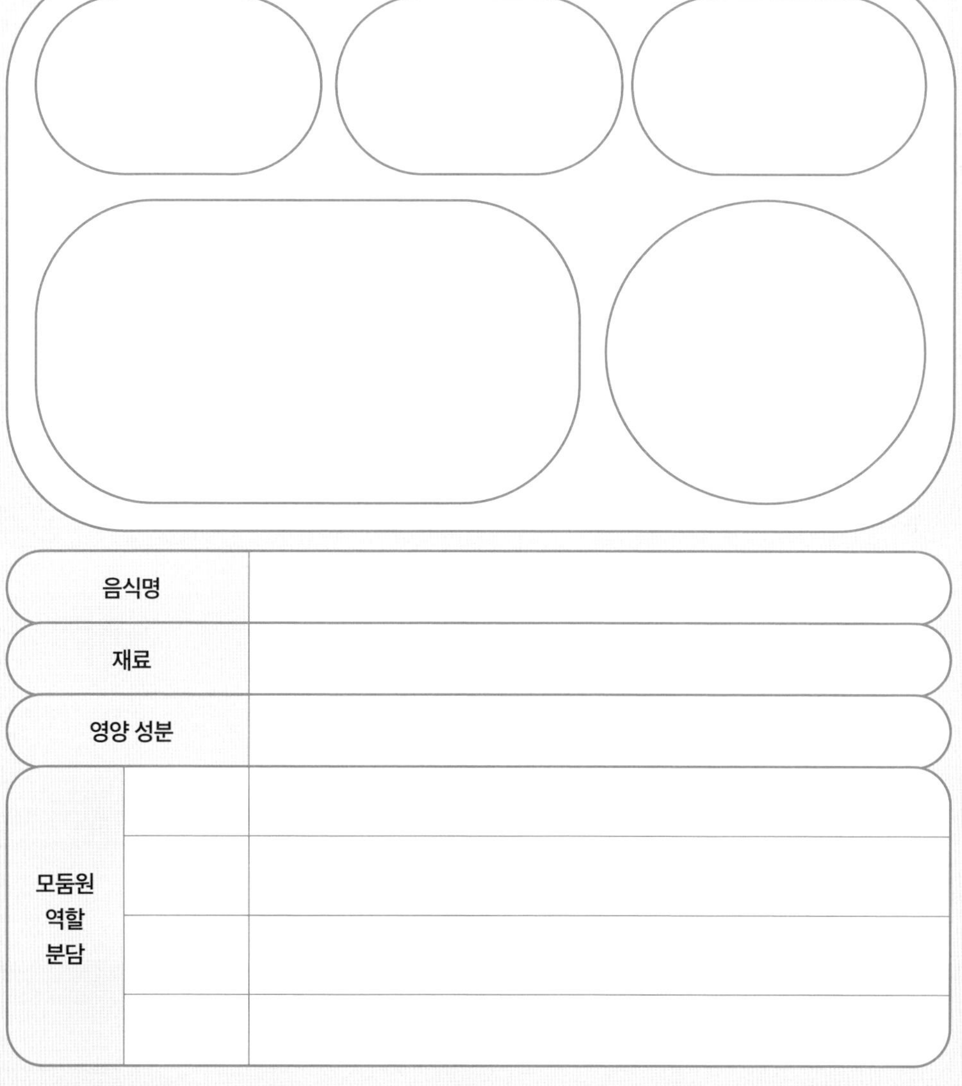

음식명		
재료		
영양 성분		
모둠원 역할 분담		

함께하기

2. 모둠에서 만든 식단의 영양 성분, 이미지 등을 포함한 소개 자료를 만들어 발표해 봅시다.

3. 다른 모둠의 식단을 시식해 보고 평가표를 작성해 봅시다.

영양 성분	☆☆☆☆☆
맛	☆☆☆☆☆
가격	☆☆☆☆☆

식단에 대한 한 줄 평

기아 지도 분석하기

✦ **2020년 노벨 평화상 수상자 탐색하기**

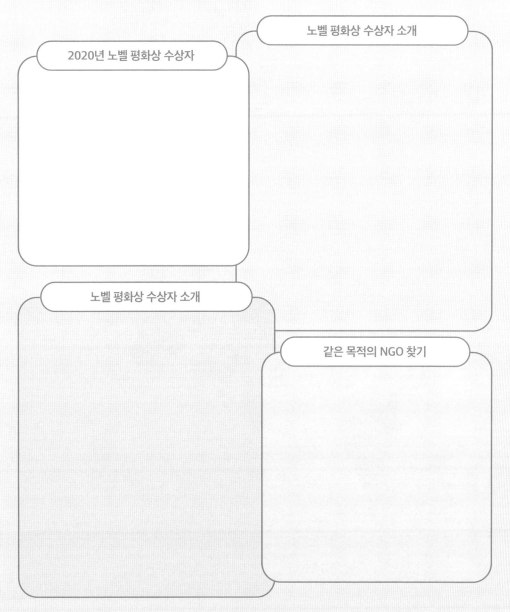

탐구하기

✦ **다음은 2018년과 2023년 세계 기아 지수와 관련된 통계 지도입니다.**

2018년

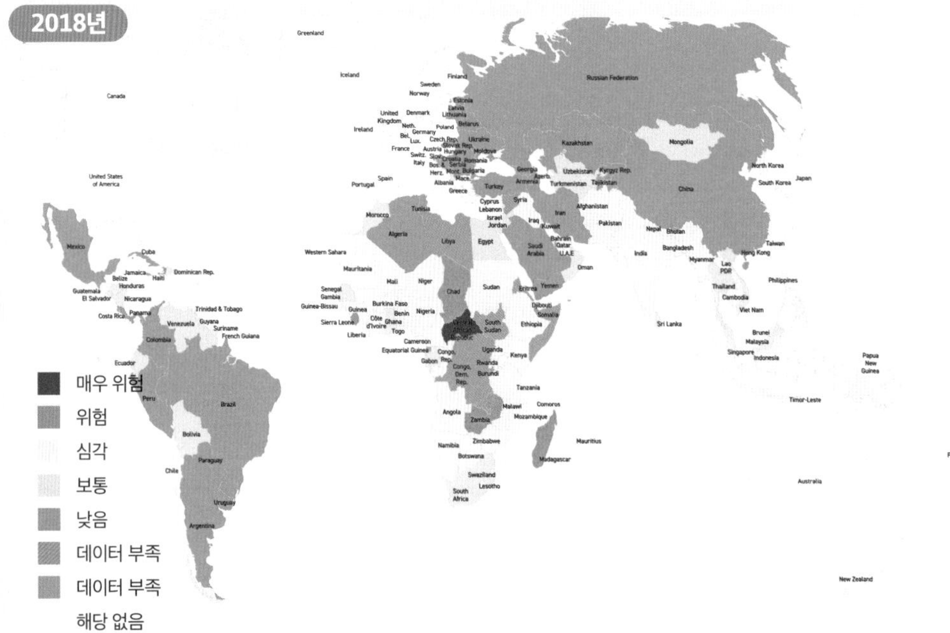

2023년

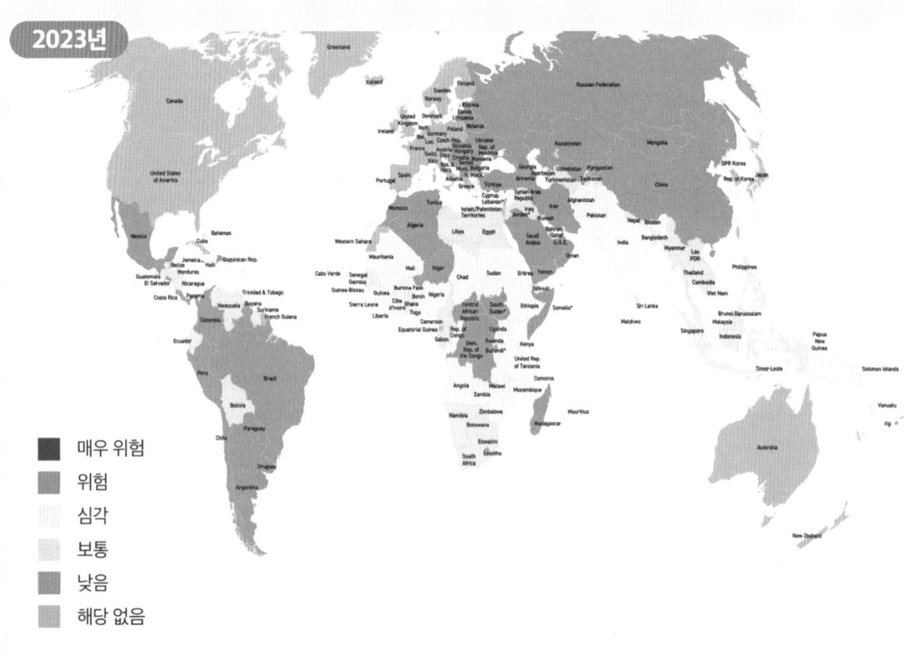

출처: 컨선월드와이드

1. 2018년과 2023년 세계 기아 지수의 공통점과 차이점을 찾아 적어 봅시다.

공통점	차이점

2. 지도에서 한 국가를 선택하고, 해당 국가가 기아 위기에 처해 있는 원인을 자료 조사 후 분석해 봅시다.

기아 위기에 직면한 국가	기아 위기 상황에 직면한 원인

3. 2번 문항을 통해 기아 위기 상황에 직면한 다양한 원인을 적어 봅시다.

함께하기

1. 다음 글에서 나타난 문제에 대해 모둠원들의 의견과 우리가 실천해야 할 자세 등에 대해 제시하고 다른 모둠과 의견을 공유해 봅시다.

전 세계 7억 8,300만 명이 기아에 시달리고 있습니다. 그리고 인류 3분의 1이 식량 불안 위기에 처해 있죠. 이런 가운데 매일 10억 끼니 분량의 음식이 버려지고 있다는 보고가 발표됐습니다. UN 환경 프로그램(UNEP) 보고서에 따르면 2022년 기준, 10억 5,000만t의 음식물 쓰레기(먹을 수 없는 부분 포함)가 발생했고, 이는 1인당 132kg에 해당하며 소비자가 이용할 수 있는 전체 식품의 약 5분의 1이라고 합니다. 이렇게 낭비된 전체 식품 중 60%는 가정에서 발생했고, 식품 서비스는 28%, 소매업은 12%를 차지했습니다.

그런데 우리가 먹고 버리는, 별거 아닌 것 같은 이 음식물 쓰레기가 세계 경제에 좋지 않은 영향을 끼치고, 기후 변화, 자연 손실 및 오염을 가져오고 있다는 사실을 알고 계시나요?

음식물 쓰레기를 금액으로 환산하면 약 1조 달러입니다. 이 금액이 그대로 경제적 손실로 이어지고 있으며, 음식물 쓰레기로 인해 발생하는 온실가스는 전체 배출량의 8–10% 수준으로, 항공 산업에서 발생하는 배출량의 5배에 이릅니다.

전 세계는 75억의 인구가 먹을 수 있는 식량을 생산합니다. 하지만 매일 10%의 인구가 굶주림에 시달리고 있습니다. 아무렇지도 않게 음식물 쓰레기를 버리는 우리의 모습에 대해 어떤 생각이 드나요? 우리가 버리는 음식물이 우리가 사는 세상을 더욱 비극적인 상황으로 만드는 것은 아닐까요?

우리 모둠 의견

(　　　　　　) 모둠 의견

(　　　　　　) 모둠 의견

(　　　　　　) 모둠 의견

생각 열기 수학

기아 관련 인포그래픽

✦ **다음 내용은 국가의 절대적 빈곤율과 1인당 GDP를 나타낸 것입니다.**

대륙	국가명	절대적 빈곤율(%, 연도)	1인당 GDP(달러, 2024년)
동유럽	루마니아	7.1 (2021)	19,530
	헝가리	2.2 (2021)	23,319
남유럽	그리스	2.9 (2021)	23,966
	이탈리아	1.7 (2021)	39,580
서유럽	독일	0.2 (2019)	54,291
	룩셈부르크	0.3 (2021)	131,384
북유럽	스웨덴	1.4 (2021)	58,529
	아일랜드	0.3 (2017)	106,059
동아시아	중국	24.7 (2020)	13,136
	한국	1.2 (2016)	34,165
동남아시아	말레이시아	2.3 (2021)	13,315
	태국	12.2 (2021)	7,812
남아시아	인도	81.8 (2021)	2,731
	파키스탄	84.5 (2018)	1,461 (2023년)
서아시아	이스라엘	3.5 (2021)	53,372
	튀르키예	7.6 (2021)	12,765
중앙아시아	카자흐스탄	10.6 (2021)	14,778
오세아니아	호주	1.0 (2018)	66,589
북아메리카	멕시코	21.8 (2022)	15,249
	미국	1.0 (2021)	85,373
남아메리카	칠레	4.7 (2022)	16,616
	콜롬비아	34.8 (2022)	7,327
동아프리카	에티오피아	90.9 (2015)	1,910
	케냐	91.3 (2021)	1,983
남아프리카	남아프리카 공화국	61.6 (2014)	5,975
	앙골라	78.0 (2018)	2,432
서아프리카	카메룬	76.0 (2021)	1,815
	코트디부아르	76.4 (2021)	2,717
중앙아프리카	중앙아프리카 공화국	96.2 (2021)	538
	콩고민주공화국	97.7 (2020)	715

출처: 절대적 빈곤율- World Bank Group(2017 PPP 기준, 6.85 달러/일), 1인당 GDP- IMF

1. 국가의 절대적 빈곤율과 1인당 GDP의 상관관계를 조사해 봅시다.

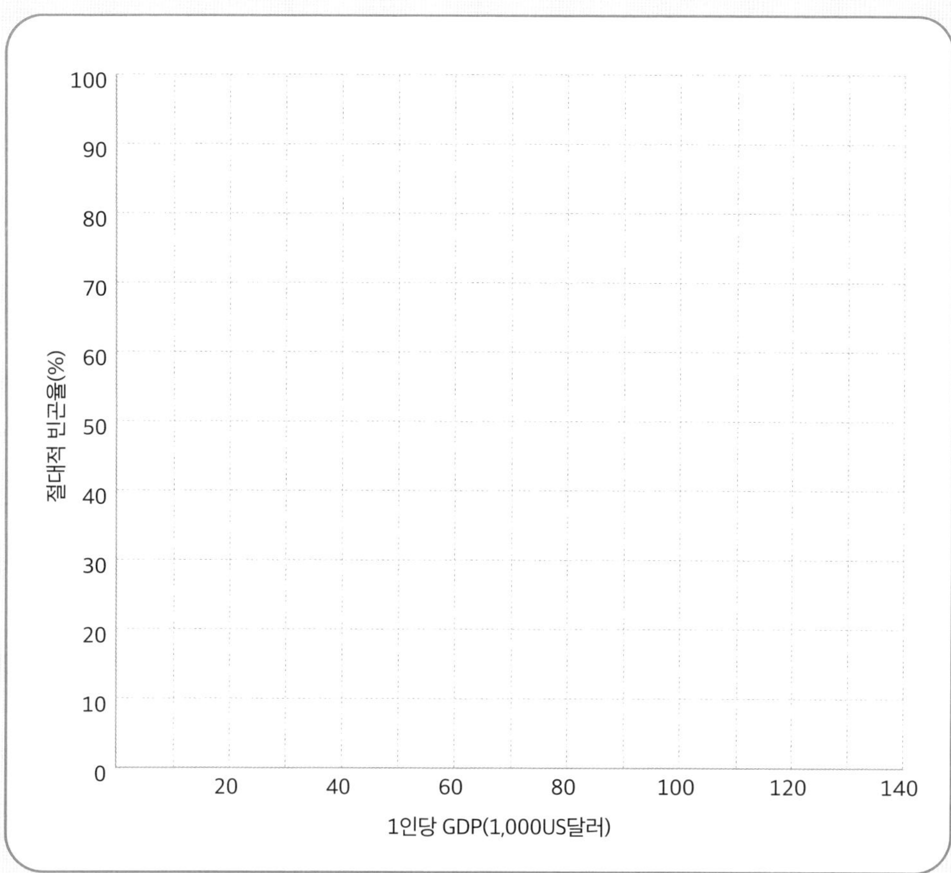

2. 국가의 절대적 빈곤율과 1인당 GDP의 상관관계를 살펴볼 때, 위와 같은 결과가 나온 원인을 모둠별로 토의해 봅시다.

3. 다른 모둠에서 원인으로 제시한 내용을 정리해 봅시다.

모둠 명	원인 분석 내용

함께하기

1. 국가의 절대적 빈곤율과 1인당 GDP의 관한 통계형 인포그래픽을 만들어 봅시다. 활동지에 수록된 세계 지도를 활용합니다.

포함할 내용

국가의 절대적 빈곤율, 1인당 GDP와 빈곤율의 상관관계, 해당 국가의 특징(정치적, 경제적, 사회적, 문화적 측면 등)

활동 순서

❶ 원을 그리고, 원 안에 국가의 절대적 빈곤율을 적습니다. 빈곤율이 클수록 원을 크게 그립니다.

❷ 네모를 그리고, 네모 안에는 해당 국가의 특징(정치적, 경제적, 사회적, 문화적 측면 등)을 적습니다.

빈곤의 역사

✦ 다음 글을 읽고 생각해 봅시다.

여러분은 영화에서 연인에게 다이아몬드 반지를 주며 청혼하는 모습을 많이 보았을 것입니다. 다이아몬드가 결혼 예물로 자리 잡게 된 것은 영국의 한 보석회사 마케팅 때문입니다. 이 회사는 '다이아몬드는 영원하다'라는 슬로건을 내세워 사랑과 영원을 연결한 판매 전략으로 큰 성공을 거두었습니다. 이 회사의 설립자는 19세기 후반, 아프리카 남부에서 다이아몬드 산업을 지배하며 부를 축적했습니다. 그는 원주민의 값싼 노동력을 착취하며 광산 운영을 통해 제국주의적 정책을 추진했습니다. 그의 활동은 다이아몬드 산업의 기틀을 마련했지만, 지역 주민들에게는 고통을 주며 수탈의 역사를 남겼습니다.

아프리카 시에라리온 역시 다이아몬드의 주요 생산지 중 하나입니다. 그러나 부유한 나라가 되기보다는 오히려 다이아몬드 때문에 고통을 겪었습니다. 독재 권력이 광산을 독점했고, 국민들은 열악한 환경에서 노동을 강요당했지만 정당한 대가를 받지 못했습니다. 광산을 둘러싼 이권 다툼은 내전으로 이어졌고, 반군은 다이아몬드를 통해 무기를 구입하며 전쟁을 지속했습니다. 이로 인해 다이아몬드를 '블러드 다이아몬드(Blood Diamond)'라고 불리게 되었으며, 수많은 사람들이 희생되었습니다.

다이아몬드는 단순히 반짝이는 보석이 아닙니다. 그 뒤에는 많은 이들의 고통과 희생이 담겨 있음을 기억해야 할 것입니다.

생각 열기

1. 시에라리온은 다이아몬드 부국인데도 빈곤한 원인을 마인드맵으로 정리해 봅시다.

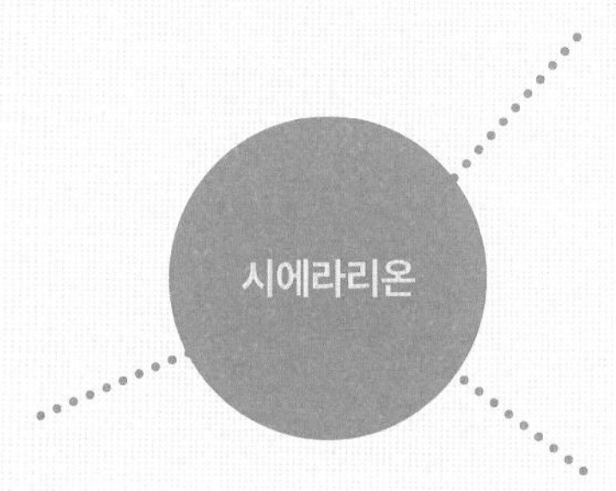

2. 다음 그림은 토마스 하이네의 〈식민지를 지배하는 방식〉이라는 작품입니다. 그림의 내용을 설명하고 나의 생각을 적어 봅시다.

앞선 글을 통해 '착취'는 고통과 불평등의 역사로 연결되고 있음을 알 수 있었습니다. 그중 제국주의에 의한 식민지 수탈은 나라를 빈곤에 빠뜨린 주요 원인이 되었습니다. 제국주의란 19세기 강대국들이 군사력과 경제력을 이용해 약한 나라를 정복하고, 그 나라의 자원을 빼앗거나 사람들을 착취한 것을 말합니다.

그림 설명

나의 생각

1. 다음 글을 읽고 제국주의 열강의 침탈 상황을 조사해 봅시다.

19세기 중반 탐험가들에 의해 아프리카 내륙 지방의 사정이 알려졌습니다. 이때부터 제국주의 국가들은 너도나도 아프리카를 침략하였습니다. 영국은 아프리카뿐만 아니라 인도, 태평양 지역까지 차지하였고, 프랑스는 인도차이나반도를, 네덜란드는 인도네시아를 점령하였습니다.

① 제국주의 열강의 침탈 지도와 기아 지도를 비교 후 자신의 생각을 정리해 봅시다.

제국주의 열강의 침탈 지도

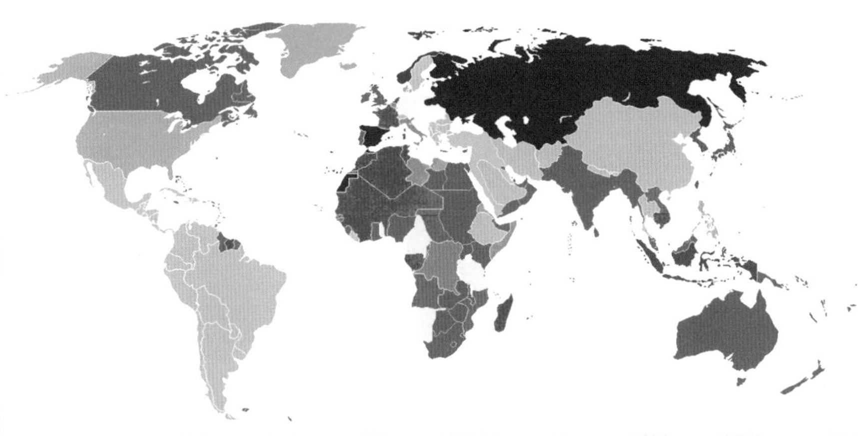

출처: 위키피디아 ©Antonychris

기아 지도(2020-2022)

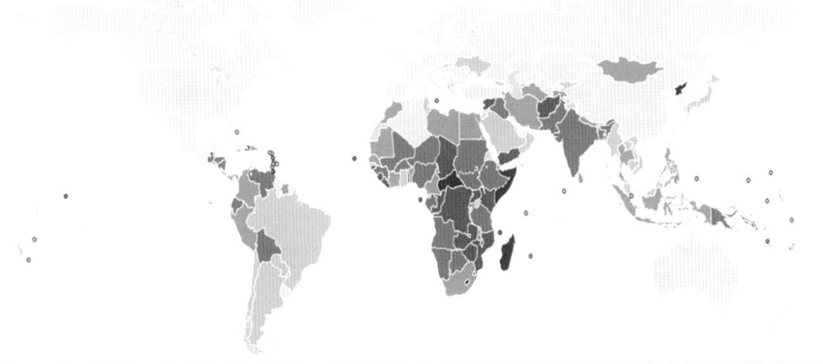

출처: UN 식량농업기구

탐구하기

② ①의 기아 지도에서 한 나라를 정해 조사하고 빈곤의 역사에 대해 살펴봅시다.

내가 선택한 나라	

빈곤의 역사 타임라인

연도

느낀 점

1. 제국주의 포스터를 재구성해 봅시다.

위의 두 그림은 제국주의 열강들이 식민지에 대한 차별과 탄압을 합리화하며 선전했던 포스터입니다. 그들은 식민지에 대한 지배를 정당화하기 위하여 강한 사람이 살아남고 약한 사람은 사라진다는 사회 진화론과 인종 간 우열이 존재한다는 인종주의를 강조했습니다.

제목	

제작 의도

생각 열기 도덕

기아를 해결할 수 있는 태도

✦ **다음 글을 읽고 생각해 봅시다.**

2020년 세계식량기구(WFP)는 노벨 평화상을 수상했습니다. 당시 노벨 위원회는 기아에 대한 투쟁을 지속해 온 점, 갈등을 겪는 지역에 평화의 조건을 높인 점, 기아의 상황이 전쟁을 비롯한 갈등의 도구로 악용되는 것을 방지하기 위한 노력을 한 점을 높게 평가함과 동시에 '식량'은 코로나19 백신이 나오기 전, 혼란의 시대에 '가장 강력한 백신'이라며 선정 이유를 밝혔습니다.

지난 2000년 김대중 대통령 역시 노벨 평화상을 수상했습니다. 김대중 대통령은 북한의 심각한 기아 문제 해결을 위해 쌀과 같은 필수 물자를 대규모 인도적 지원을 하며 남북 간 신뢰를 쌓아 평화를 증진하려 했습니다. 이는 기아 문제 해결과 동시에 평화 구축을 이루려고 했던 것입니다.

두 사례를 통해 기아 문제가 단순히 생존의 문제를 넘어, 평화와 안정에 직결되는 중요한 과제임을 알게 합니다.

1. 기아 해결과 평화는 어떠한 관계가 있다고 생각하는지 위 글과 연결지어 적어 봅시다.

2. 기아 문제를 해결하기 위해 세계시민으로서의 갖추어야 할 자세는 무엇인지 적어 봅시다.

1. 기아 문제 해결을 위해 필요한 가치(물질, 정신적 가치)를 카드에 적어 봅시다.

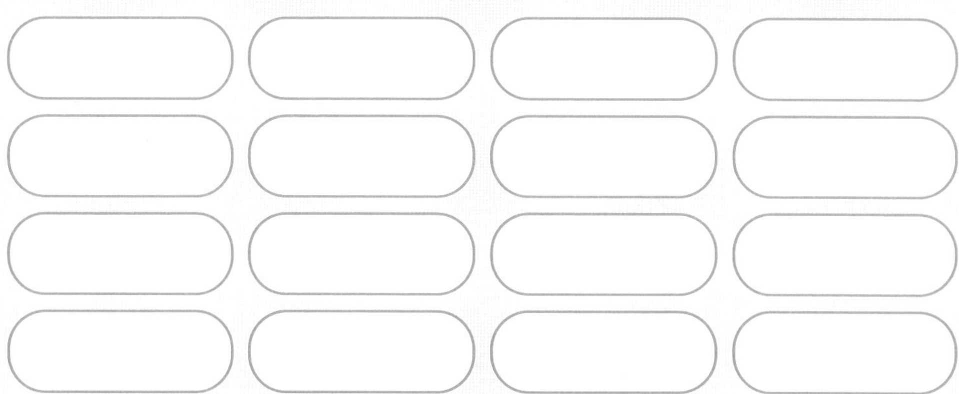

2. 1에서 적은 16개의 가치 중 가장 중요하다고 생각하는 세 가지 가치를 고르고 그 이유를 적어 봅시다.

가치	이유

함께하기

1. 기아 문제 해결을 위해 적은 16개의 가치를 활동지에 수록된 가치 카드에 적어 16장의 카드를 만듭니다. 조별로 중복된 가치를 제외한 뒤 게임을 해 봅시다.

게임 방법

❶ 카드를 잘 섞은 뒤, 첫 번째 학생이 카드 5개를 테이블에 놓습니다.

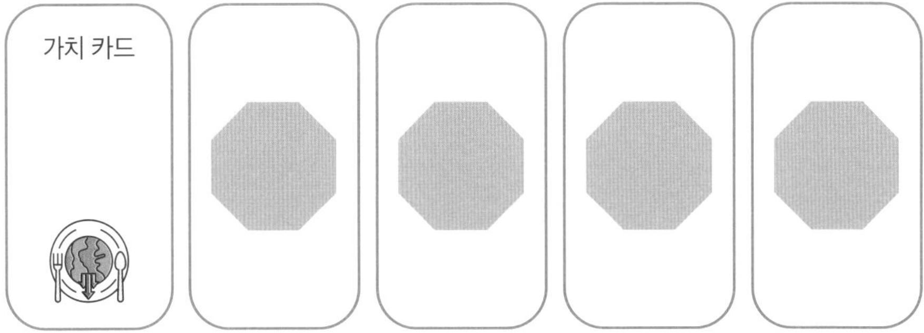

❷ 자신이 중요하다고 생각하는 가치 순서대로 숫자 토큰(1번-5번)이 안 보이게 카드 뒷면 위에 둡니다.

❸ 다른 학생들은 첫 번째 학생이 중요하게 생각한 가치 순서를 추측하여 게임 활동지에 적습니다.

❹ 첫 번째 학생은 숫자 토큰을 뒤집어 답을 확인시키고 그렇게 생각한 이유를 이야기합니다.

❺ 순서가 가장 많이 일치한 학생이 가치 카드를 모두 가져갑니다.

❻ 모두에게 출제 기회가 돌아갔으면 게임을 종료하고 카드 개수를 확인해 승리자를 결정합니다.

✦ 게임 활동지

출제자 (　　　　)	1순위	2순위	3순위	4순위	5순위
(1회) 나의 추측					
(1회) 최종 결과					

출제자 (　　　　)	1순위	2순위	3순위	4순위	5순위
(2회) 나의 추측					
(2회) 최종 결과					

출제자 (　　　　)	1순위	2순위	3순위	4순위	5순위
(3회) 나의 추측					
(3회) 최종 결과					

출제자 (　　　　)	1순위	2순위	3순위	4순위	5순위
(4회) 나의 추측					
(4회) 최종 결과					

2. 게임 후, 기아 문제 해결을 위해 필요한 가치에 대한 나의 최종 생각을 정리해 봅시다.

생각 열기 국어

해외 원조에 대한 생각 나누기

1. 위 기관들의 공통점을 적어 봅시다.

2. 위 기관들 가운데 하나를 선택하여 소개 글을 작성해 봅시다.

1. 빈곤의 원인과 해외 원조의 필요성은 무엇일까요? 5WHY에 묻고 답해 봅시다.

구분	빈곤의 원인	해외 원조의 필요성
1WHY	예시 빈곤의 원인은 무엇인가?	
	예시 전쟁이 일어나기 때문입니다.	
2WHY	예시 전쟁은 왜 일어나는가?	
3WHY		
4WHY		
5WHY		

2. 빈곤의 원인에 대해 정리한 후 발표해 봅시다.

3. 해외 원조의 필요성에 대해 정리한 후 발표해 봅시다.

함께하기

1. '해외 원조는 의무인가?'를 주제로 두 마음 토론을 해 봅시다.

해외 원조는 의무인가?	
'찬성자'의 입장	'반대자'의 입장
❶	❶
❷	❷
❸	❸

2. 판결자의 판결 및 관찰자의 소감을 적어 봅시다.

3. 활동 후 나의 소감을 적어 봅시다.

식량을 나눌 수 있는 방안은?

1. 식량 문제를 일으킨 원인과 문제 해결을 위해 기여한 과학 기술에 대해 조사해 봅시다.

식량 문제 원인

식량 문제 해결을 위해 기여한 과학 기술

탐구하기

✦ 다음은 식량 위기에 관한 글입니다.

유엔인구기금(UNFPA)은 세계 인구가 2058년에 100억 명을 넘을 것으로 전망하고 있고, 유엔(UN)에서는 2050년까지 약 20억 명의 단백질을 공급할 수 있는 식량이 추가로 필요할 것으로 예측합니다. 그러나 이상기온 현상과 감염병으로 인해 가축의 수가 점차 줄어들고 있습니다. 또 지금처럼 유례없는 폭염과 홍수, 산불로 인한 이상기온 현상이 지속된다면 사료로 사용할 식물을 생산하는 경작지가 줄어들게 되어 사육할 수 있는 가축의 수도 감소하게 됩니다. 따라서 향후에 단백질을 공급할 수 있는 식량을 어떻게 공급할 것인지에 대한 대책을 마련하는 것이 시급합니다.

1. 위 내용을 토대로 살펴볼 때, 세계 총인구수의 증가에 따라 단백질 급원을 늘리는 방안이 필요합니다. 이를 위한 과학 기술은 무엇이 있을지 조사해 봅시다.

2. 단백질 급원을 늘리는 방안 이외에도 식량 문제를 해결하기 위해 활용할 수 있는 과학 기술은 무엇이 있을지 조사해 봅시다.

✦ **다음은 수도 시설이 부족한 국가에서 물 운반 문제를 해결하고자 활용한 적정 기술에 관한 내용입니다. 이처럼 적정 기술을 통해 당면한 문제를 해결했듯이, 빈곤과 기아 문제 해결을 위한 적정 기술도 고안해 볼 수 있을 것입니다.**

물을 운반하기 위해 개발된 적정 기술 'Q드럼'

아프리카의 어떤 지역에서는 집에서 수도꼭지를 틀면 바로 물이 나오지 않습니다. 이러한 곳은 집에서 물이 있는 곳까지의 거리가 몇 km 정도 떨어져 있더라도 물을 길어와야 합니다. 매일같이 양동이나 물통을 이용해서 물을 운반하다보면 척추나 목에 지속적으로 무리가 가게 되어 다치기 쉽습니다.

이렇게 식수를 얻기 위해 매일같이 먼 길을 이동해야 하는 사람들을 도울 수 있는 기술이 있습니다. 바로 'Q드럼'입니다. Q드럼은 남아프리카 공화국의 디자이너 한스 헨드릭스와 피에트 핸드릭스 형제가 개발한 것으로 바퀴처럼 생긴 모형 중앙에 구멍이 나 있고, 여기에 줄을 넣어 수레처럼 끌고 다닐 수 있도록 디자인되었습니다. Q드럼은 최대 50L의 물을 가득 채울 수 있습니다. 그런데 물을 가득 채워도 실제로는 4.5L 정도를 채운 물통을 운반하는 것과 비슷한 힘이 들어서 먼 거리를 이동하는데 큰 도움이 됩니다.

함께하기

1. 앞서 빈곤과 기아 문제의 원인을 다양하게 살펴보았습니다. 빈곤과 기아 문제의 원인을 한 가지 선택해 봅시다.

예시 땅이 척박한 경우, 물이 부족한 경우

2. 1에서 선택한 원인을 해결할 수 있는 적정 기술을 고안해 봅시다.

적정 기술 명칭 ____________________

소개 ____________________

기아 관련 영자 신문 제작

1. 다음 사진들 보고 생각나는 영어 단어와 느낌을 적어 봅시다.

2. 1에 적은 단어들을 활용하여 영어 문장을 만들어 보고 짝꿍과 공유해 봅시다.

내가 만든 문장

짝꿍이 만든 문장

탐구하기

✦ **다음 글을 읽고 물음에 답해 봅시다.**

Every year, October 17 is World Poverty Day.
On October 17, 1987, under the leadership of Father Joseph Wresinski, a French cleric and humanitarian urban poor activist, 100,000 victims of poverty gathered to hold the opening ceremony of the monument to the Campaign to Combat Absolute Poverty. The United Nations recognized October 17, 1992, as World Poverty Day. Poverty is not just an economic problem, it is related to human dignity. People in poverty are not guaranteed a minimum human life, such as basic difficulties in living, housing, and not receiving various cultural and medical benefits. Therefore, the United Nations is trying to help victims suffering from absolute poverty escape from poverty in order to guarantee the human dignity of everyone and reduce the proportion of the poor population.

1. 유엔이 정한 세계 빈곤 퇴치의 날을 적어 봅시다.

2. 빈곤 문제의 심각성에 대해 적어 보고, 이를 해결하기 위한 방안을 생각해 봅시다.

1. 모둠별로 빈곤을 주제로 한 영자 신문을 만들어 봅시다.
(역할 분담: 편집장, 기자, 디자이너)

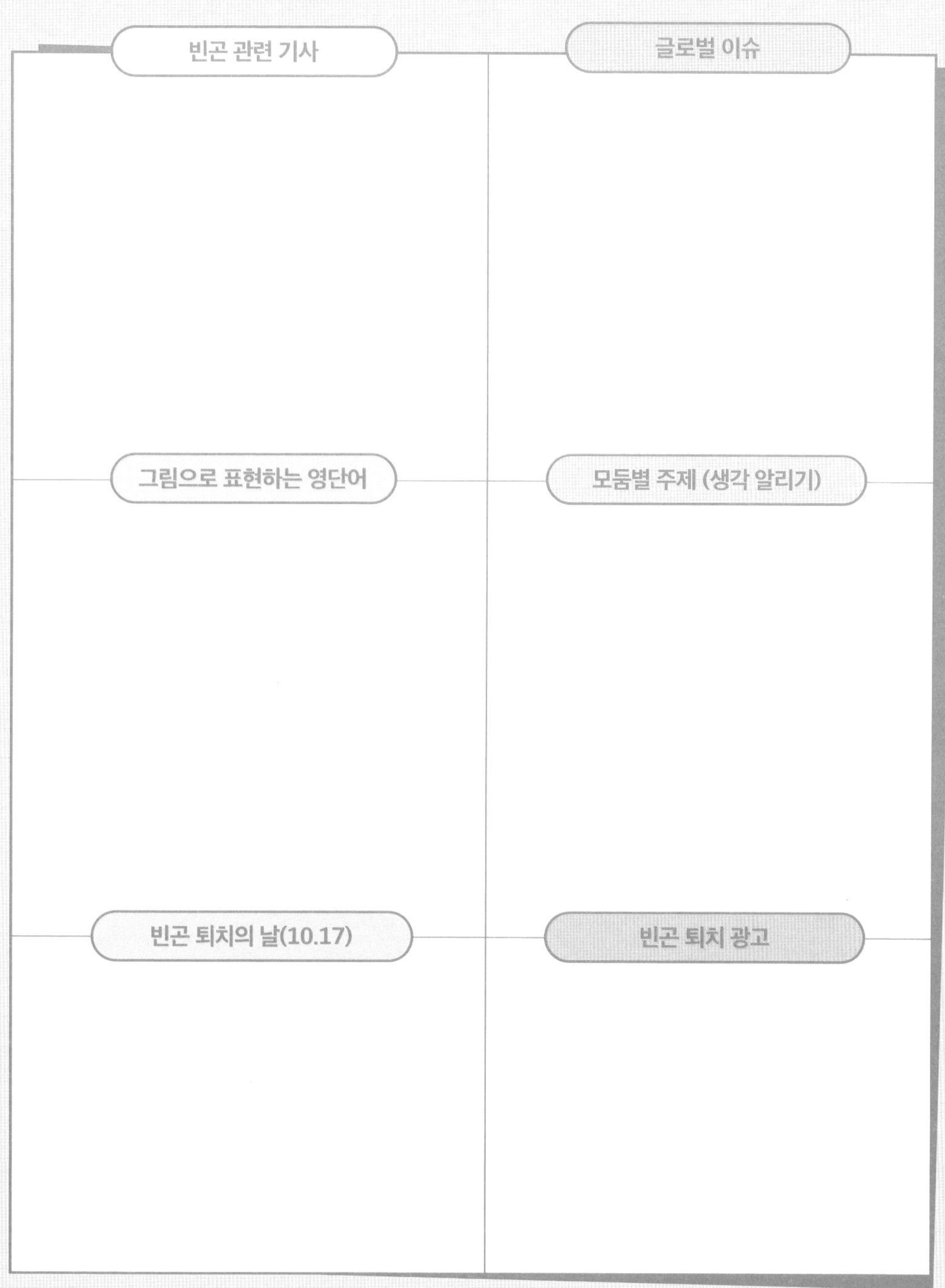

빈곤 관련 기사
글로벌 이슈
그림으로 표현하는 영단어
모둠별 주제 (생각 알리기)
빈곤 퇴치의 날(10.17)
빈곤 퇴치 광고

지구 환경

지속가능발전목표(SDGs)

지속가능발전목표(SDGs)의 두 번째 핵심 영역인 '지구'는 기후 변화에 대응하고, 해양과 육상 생태계를 보호하며, 지속 가능한 소비와 생산을 촉진하는 것을 목표로 합니다. 지금 지구는 점점 더 뜨거워지면서 폭우, 폭염, 태풍, 산불 등 연이어 발생한 자연재해로 신음하고 있습니다. 우리의 지구가 위기에 놓인 것입니다. 나를 비롯해 모두가 함께 살고 있는 커다란 집, 지구. 이 지구의 내일을 위해 우리가 할 수 있는 일이 무엇인지 알아봅니다.

그 많던 동물들은
어디로 갔을까?

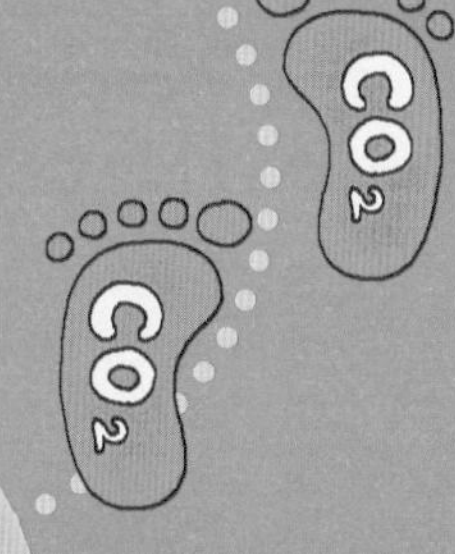

탄소도
발자국을 남긴다?

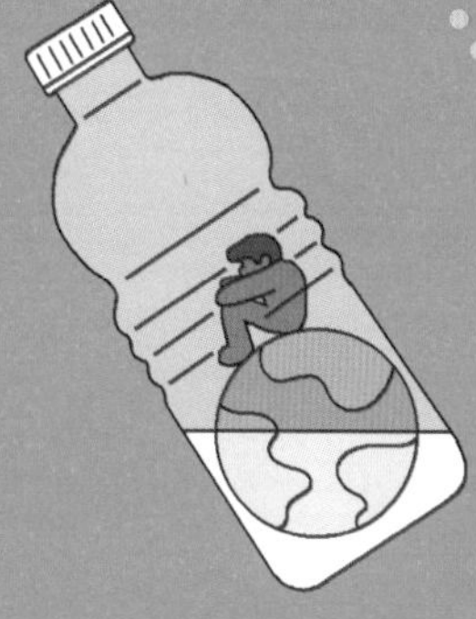

플라스틱은
인류의 축복인가?
재앙인가?

지구를 지키는
습관, 윤리적 소비

그 많던 동물들은 어디로 갔을까?

관련된 지속가능발전목표(SDGs)

편익을 위한 인간의 활동으로 많은 생물종들이 위기에 처하고 있습니다. 이로 인해 해마다 멸종 위기종이 늘면서 생물 다양성이 심각하게 위협받고 있죠. 생물 다양성을 보존하는 것은 생태계를 보호하는 것이고, 나아가 지구를 보호하는 것으로, 지속 가능한 미래를 위해 반드시 필요합니다. 그럼, 생물 다양성의 가치를 이해하고 보존하는 방법을 함께 고민해 볼까요?

수업 활동의 흐름

과학 멸종과 생물 다양성

수학 통계와 그래프

정보 멸종 위기종 데이터화하기

사회 자원의 저주란?

도덕 멸종 위기!
해결 방안은?

음악 생물 다양성 공익 광고
음악 제작하기

미술 생물 다양성 공익 광고
영상 제작하기

생각 열기 과학

멸종과 생물 다양성

1. 다음 보기에 제시된 생물들을 마인드맵을 이용하여 분류해 봅시다.

보기	개구리, 고래, 고사리, 대장균, 독수리, 버섯, 소나무, 토마토, 포도상 구균, 호랑이

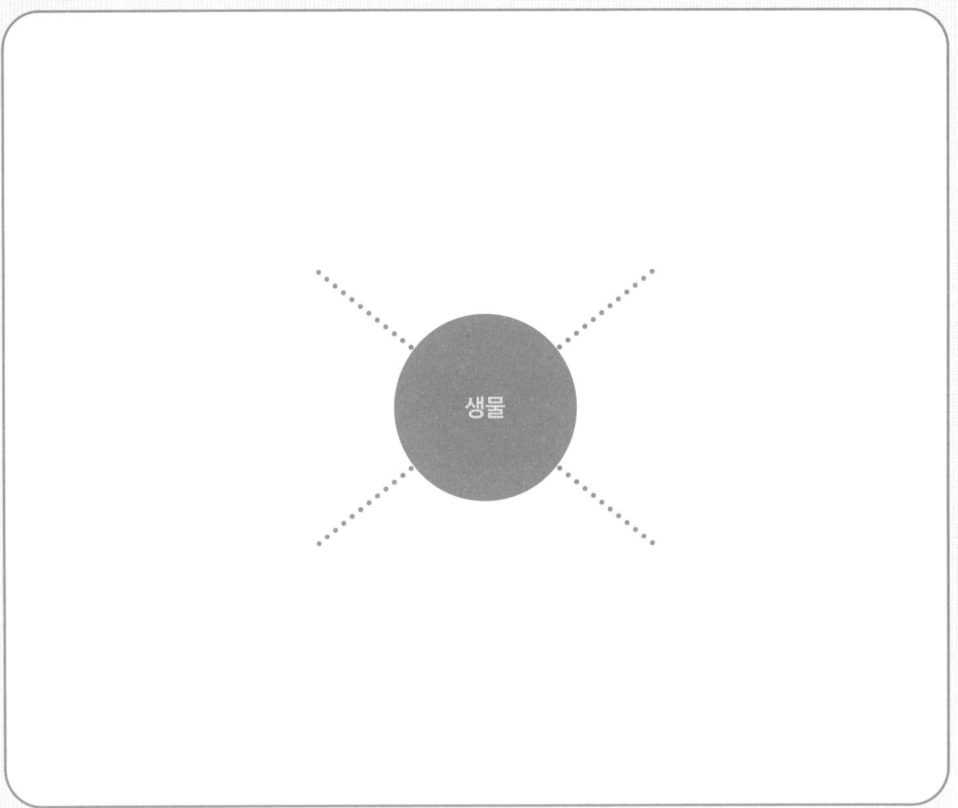

2. 위와 같이 생물을 분류한 이유에 대해 적어 봅시다.

1. 생태 피라미드를 관찰하고, 생태계 평형에 대해 이해해 봅시다.

①단계 - QR코드를 찍어 지능형 과학실 ON에 접속해 봅시다.

- 접속 후 〈생태 피라미드〉를 클릭합니다.

지능형 과학실 ON

②단계 - 생태 피라미드를 관찰합니다.

- 생산자, 1차·2차·3차(최종) 소비자를 선택하여 〈생태 피라미드〉를 완성합니다.
- 〈생태 피라미드〉를 돌려가면서 먹이 단계별 생물의 수를 관찰합니다.
- 생산자, 1차·2차·3차(최종) 소비자의 수는 어떻게 이루어지고 있는지 적어 봅시다.

③단계 - 생태계 평형에 대해 이해해 봅시다.

- 〈생태 피라미드〉를 관찰한 후 〈실험 메뉴〉를 클릭합니다.
- 〈생태계 평형〉을 클릭 후, 생산자, 1차·2차·3차(최종) 소비자의 개체 수를 조절하고, 실험 시작을 누릅니다.
- 시간에 따른 개체 수가 어떻게 변화하는지 적어 봅시다.

④단계 - 생태계 평형이 깨지는 원인을 탐구해 봅시다.

- 〈생태계 평형〉을 관찰 후, 〈실험 메뉴〉를 클릭합니다.
- 〈생태계 평형이 깨지는 원인〉을 클릭 후, '산불' 또는 '나무 심기'를 선택하고 실험 시작을 누릅니다.
- '산불' 또는 '나무 심기'를 선택할 때 결과가 어떻게 되는지 적어 봅시다.

함께하기

1. 생물 다양성을 위협하는 원인을 조사하고, 원인별 대책을 마련해 봅시다.

생물 다양성을 위협하는 원인	현상	대책
원인 ❶	· ·	· ·
원인 ❷	· ·	· ·
원인 ❸	· ·	· ·

2. QR코드를 찍어 멸종 위기 생물을 조사하고, 그 원인과 함께 대책을 마련해 봅시다.

국립생태원
멸종위기종 검색

멸종 위기의 생물	멸종 위기의 원인	대책
	· ·	· ·
	· ·	· ·
	· ·	· ·

통계와 그래프

1. 이지 통계로 통곗값을 구해 봅시다.

①단계 - QR코드를 찍어 이지통계에 접속해 봅시다.

이지통계

②단계 - 자료를 입력해 봅시다.

• 〈자료〉에 통곗값을 구하고 싶은 데이터를 입력합니다.

③단계 - 통곗값을 확인해 봅시다.

• 〈통곗값〉 클릭 후, 평균, 최댓값, 최솟값, 중앙값, 최빈값을 구합니다.

평균	최댓값	최솟값	중앙값	최빈값

④단계 - 줄기와 잎 그림을 확인해 봅시다.

• 〈줄기와 잎 그림〉을 클릭 후, 자료의 전체적인 분포 상태를 확인합니다.

⑤단계 - 도수분포표를 확인해 봅시다.

• 〈도수분포표〉를 클릭 후, '계급'과 '도수'를 확인합니다.

⑥단계 - 통계 그래프를 확인해 봅시다.

• 〈통계 그래프〉를 클릭 후, 히스토그램과 도수 분포 다각형을 확인해 봅니다.

탐구하기

1. 개체군 역학(Population Dynamics)을 살펴봅시다.

①단계 - QR코드를 찍어 바이오 시뮬레이션에 접속해 봅시다.

바이오
시뮬레이션

②단계 - 자료를 입력해 봅시다.

• 〈Introduction〉에서 다음 초깃값을 설정합니다.

세대 수, 식물의 상대 풍부도, 피식자 개체 수, 포식자 개체 수,
피식자 번식 속도, 포식자 번식 속도, 상대적 초식*, 상대적 포식*

* 상대적 초식: 식물의 생산량에 대한 초식률을 1-8(최대) 단계로 설정
* 상대적 포식: 한 포식자가 피식자를 얼마나 많이 잡아먹는지를 1-8(최대) 단계로 설정

예시

세대 수	식물의 상대 풍부도	피식자 개체 수	포식자 개체 수
20	100	1,000	50
피식자 번식 속도	**포식자 번식 속도**	**상대적 초식**	**상대적 포식**
4	2	5	5

③단계 - 시뮬레이션을 실행해 봅시다.

• 〈Run Simulation〉을 클릭 후, 시뮬레이션을 실행합니다.

• 다음 장의 예시 와 같이 같이 그래프에 마우스 커서를 이동하면서 값을 확인하여 기록합니다.

예시

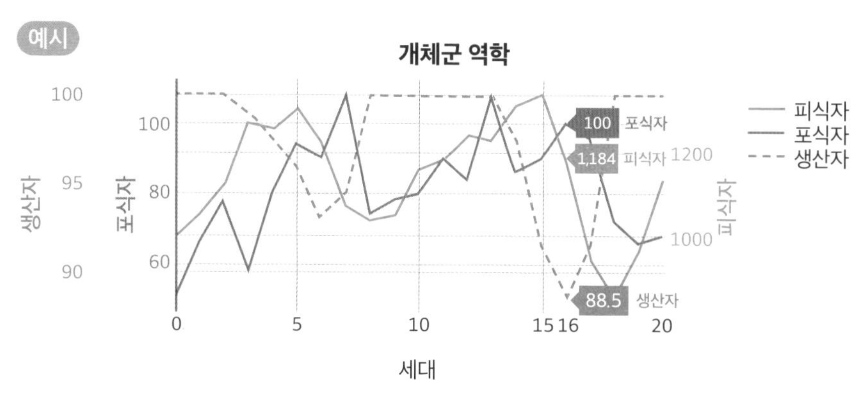

구분 \ 세대 수	0	2	4	6	8	10	12	14	16	18	20
생산자(Plants)	100	100	97.5	93	100	100	100	100	88.5	100	100
피식자(Prey)	1,000	1,124	1,256	1,232	1,040	1,160	1,244	1,232	1,184	848	1,140
포식자(Predator)	50	78	80	90	74	80	84	108	100	72	68

• 시뮬레이션 결과를 적어 봅시다.

구분 \ 세대 수											
생산자(Plants)											
피식자(Prey)											
포식자(Predator)											

④단계 - ②단계에서 초기 조건을 변화시키면서 시뮬레이션을 반복해 봅시다.

함께하기

1. 개체군 역학 시뮬레이션을 통해 생물 피라미드가 안정적으로 유지되기 위한 조건이 무엇인지 모둠별로 탐구하여 발표해 봅시다.

① 생태계 평형이 유지되었을 때 초기 조건은 어떠했는지 적어 봅시다.

세대 수	식물의 상대 풍부도	피식자 개체 수	포식자 개체 수
피식자 번식 속도	포식자 번식 속도	상대적 초식	상대적 포식

② 생태계 평형이 파괴되었을 때 초기 조건은 어떠했는지 적어 봅시다.

세대 수	식물의 상대 풍부도	피식자 개체 수	포식자 개체 수
피식자 번식 속도	포식자 번식 속도	상대적 초식	상대적 포식

2. 생태계 평형이 유지되기 위한 방안을 생산자의 상대 풍부도와 피식자의 개체 수, 번식 속도, 포식자의 개체 수 및 번식 속도, 상대적 초식과 상대적 포식을 이용하여 설명해 봅시다.

멸종 위기종 데이터화하기

1. 다음의 단어들에 대한 정보를 수집하고 이를 종합하여 알 수 있는 내용을 적어 봅시다.

콩고민주공화국

고릴라

콜탄

종합한 내용

탐구하기

1. 다음 제시된 멸종 위기종 외 어떤 동물들이 있는지 추가로 조사하여 자신만의 기준으로 자료를 분류하고 정리해 봅시다.

고릴라

오랑우탄

도요새

정리한 자료	정리한 자료	정리한 자료
분류 기준	분류 기준	분류 기준

정리한 자료	정리한 자료	정리한 자료
분류 기준	분류 기준	분류 기준

1.모둠별로 멸종 위기종 중 하나를 선택하여 소개하는 자료를 만들어 봅시다.

①단계 - 어떤 멸종 위기종을 선택할지, 어떤 자료가 필요할지 논의해 봅시다.

②단계 - 역할을 분담해 봅시다.

모둠원	조사할 자료 내용

③단계 - 모둠원들이 수집한 자료를 구조화해 봅시다.

④단계 - 멸종 위기종에 대한 소개 자료를 만들어 봅시다.

⑤단계 - 다른 모둠의 소개 자료를 평점으로 리뷰해 봅시다.

평점 : ☆☆☆☆☆

리뷰 내용

자원의 저주란?

1. 풍부한 자원이 있는 국가의 국민은 행복할까요? 다음의 글을 읽고 자원의 저주 사례를 찾아 적어 봅시다.

여러분은 '자원의 저주'라는 말을 들어보았나요?

자원의 저주는 천연자원이 많은 국가가 성숙하지 못해 부를 효율적으로 분배하지 못하여 사회 갈등이 커지거나, 국가가 자원의 수출로 급성장했으나 산업의 다양화 부실로 경쟁력을 읽어 결국 경제가 뒷걸음치고 국민 삶의 질도 떨어지는 현상을 의미합니다.

풍부한 천연자원을 확보한 국가들은 자국에서 필요한 소비재나 생산재를 외국에서 수입하는 경우가 많습니다. 이렇게 제조업과 관련된 제품들을 수입에 의존하다 보면 자국의 제조업 산업은 쇠락의 길을 걸을 수밖에 없습니다. 1960년대, 네덜란드 해안 지역에서 대규모 천연가스가 발굴되자, 네덜란드는 천연가스 개발 사업에 집중했습니다. 그 결과 제조업이 위축되고 경쟁력을 잃게 되었으며 이로 인해 장기간 경제 침체를 겪게 되었습니다. 천연자원이 개발된 후 오히려 국가의 경제가 침체되는 자원의 저주 현상을 가리켜 '네덜란드 병(Dutch disease)'이라고도 부릅니다.

탐구하기

✦ **아프리카 대륙 분쟁의 원인을 탐색해 봅시다.**

아프리카 분쟁 국가

1. 위의 지도에서 4개의 국가를 선정하여 분쟁 원인을 적고 공유해 봅시다.

국가	분쟁 원인	출처

2. 아프리카 분쟁 국가 중 분쟁 원인이 자원에 해당하는 국가를 적어 봅시다.

1. 내가 쓰는 휴대폰이 콩고의 비극을 부추기는 것일까요? 콩고민주공화국 사례를 통해 나타날 수 있는 위기 상황을 토의하여 적어 봅시다.

콩고민주공화국과 르완다는 전 세계 콜탄 생산량의 66%를 차지하는 국가입니다. 콜탄은 휴대폰이나 컴퓨터를 만드는 데 필수적인 자원으로 삼성, LG 등 국내 대기업을 비롯해 전 세계 다국적 기업과도 관련되어 있습니다. 이처럼 콜탄의 가치가 높은 만큼 콜탄을 둘러싼 문제도 많이 발생하고 있습니다.

콜탄 채굴 노동자들은 값싼 임금에 노동력을 착취당하고 있습니다. 심지어 불법적인 어린이 노예 노동까지 성행하고 있죠. 이뿐만이 아닙니다. 콜탄이 많이 매장된 지역에는 고릴라나 침팬지들도 많이 살고 있는데 콜탄 광산을 만들기 위해 사람들이 고릴라의 서식지인 숲을 훼손하면서 고릴라 개체 수가 줄어들어 멸종 위기 상황에 이르렀습니다. 또한 콜탄을 자금줄로 여기고 있는 반군들이 광산을 지배하면서 콩고민주공화국의 내전을 장기화로 내몰아 크고 작은 분쟁이 계속되어 많은 희생자가 발생하고 있기도 합니다. 이런 현상으로 많은 사람들은 휴대폰 이용자들이 기기를 바꿀 때마다 콩고 국민 수십 명이 죽는다고 이야기하기도 합니다.

함께하기

① 휴대폰의 주된 자원으로 인해 나타나는 콩고민주공화국의 위기 상황을 나열해 봅시다.

② 콩고민주공화국의 고릴라 멸종 위기와 같이 자원 채굴이 생태계에 미치는 영향을 사례를 중심으로 조사해 보고 모둠별로 자료를 모아 공유해 봅시다.

자원 채굴이 생태계에 미치는 영향

해당 국가	채굴 자원	생태계에 미치는 영향

멸종 위기! 해결 방안은?

1. 사진 ①-⑥의 동물 이름을 적어 봅시다.

①	②	③	④	⑤	⑥

2. 사진 속 동물들의 공통점이 무엇인지 생각해 봅시다.

탐구하기

1. 다음 그림을 보고 물음에 답해 봅시다.

① 밑줄 친 부분에 대한 의미와 현상에 대해 적어 봅시다.

② 지구 온난화 혹은 기후 변화가 동물들에게 어떤 영향을 끼치는지 찾아봅시다.

함께하기

1. 모둠별로 멸종 위기 동물의 이미지를 찾아 그려 보고, 그 동물의 멸종 위기 원인과 결과를 적어 카드를 만들어 봅시다. (활동지에 수록된 멸종 위기 동물 카드를 활용합니다.)

· 식사
· 수면
· 특징

· 멸종 위기 원인
· 멸종 위기 등급

· 식사
· 수면
· 특징

· 멸종 위기 원인
· 멸종 위기 등급

· 식사
· 수면
· 특징

· 멸종 위기 원인
· 멸종 위기 등급

· 식사
· 수면
· 특징

· 멸종 위기 원인
· 멸종 위기 등급

· 식사
· 수면
· 특징

· 멸종 위기 원인
· 멸종 위기 등급

· 식사
· 수면
· 특징

· 멸종 위기 원인
· 멸종 위기 등급

생각 열기 음악

생물 다양성 공익 광고 음악 제작하기

1. QR코드를 찍어 음악을 듣고 물음에 답해 봅시다.

〈생물 다양송〉
환경부

① 노랫말에서 인상 깊은 점은 무엇인지 그 이유와 함께 적어 봅시다.

② 이러한 노래가 만들어진 이유는 무엇인지 생각해 봅시다.

③ 노랫말과 가락의 어울림을 느끼며 친구들과 합창해 봅시다. ♬♪♩

1. 생물 다양성의 중요성을 알리기 위한 공익 광고 음악을 만들어 봅시다.

①단계

- 생물 다양성의 중요성과 멸종 위기종의 위기를 생각하며 노랫말을 만들어 봅시다.
- 생물 다양성, 멸종 위기 문제가 잘 드러나는 단어들을 생각해 봅시다.
- 리듬을 생각하며 단어들을 이어 노랫말을 만들어 봅시다.

생물 다양성, 멸종 위기 해시태그

______ # ______ # ______

______ # ______ # ______

노랫말 만들기

탐구하기

②단계

- 음악적 조건과 노랫말을 참고로 하여 어플리케이션으로 음악을 만들어 봅시다.
  (구글 크롬 뮤직랩 <송메이커>를 활용하여 음악을 만듭니다.)

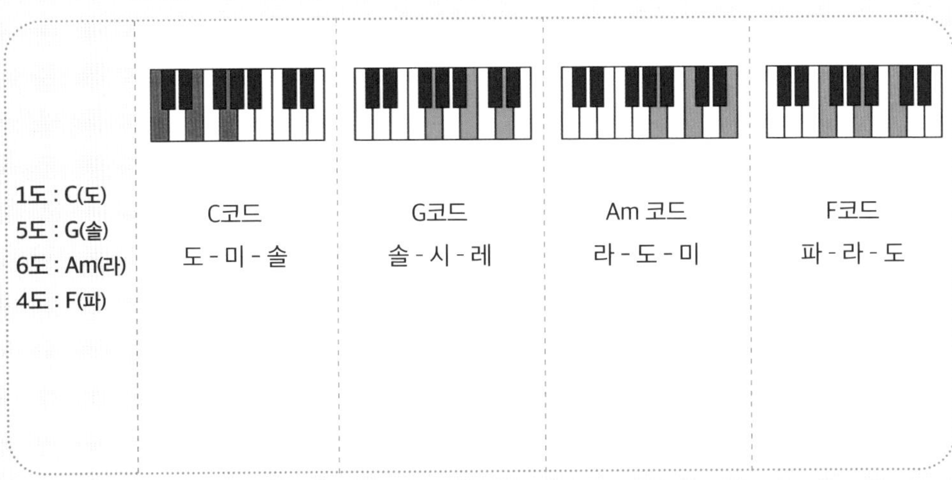

<송메이커>를 활용해 만든 악보 예시

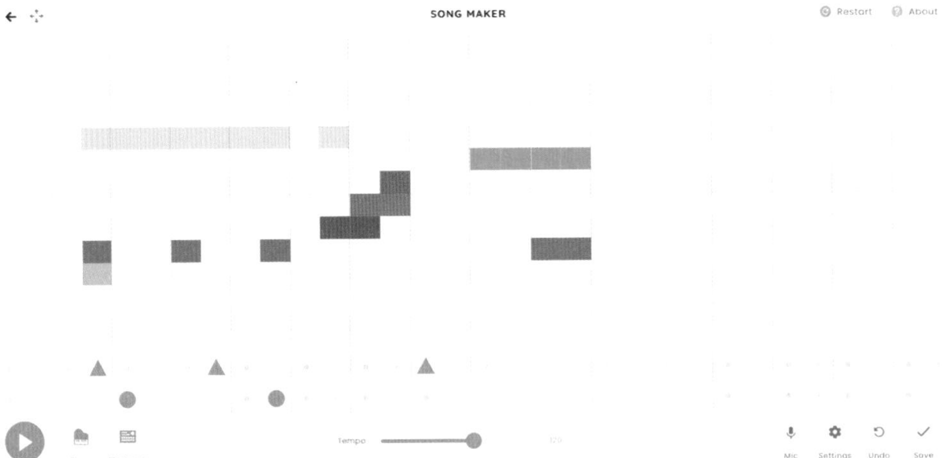

1. 내가 만든 음악의 의도를 친구들에게 설명해 봅시다.
(노랫말의 의미, 사용한 코드, 곡의 분위기 등)

2. 내가 만든 음악을 노랫말과 함께 친구들과 공유해 봅시다. 그리고 친구들의 노래를 감상하고 느낀 점을 적어 봅시다.

3. 학급에 공유된 음악 중 하나를 골라 함께 합창해 봅시다.

생각 열기 미술

생물 다양성 공익 광고 영상 제작하기

1. 인공지능(Edge-Copilot)을 활용하여 '생물 다양성'을 주제로 하는 그림을 그려 봅시다. 그림을 보고 느낀 점을 적어 봅시다.

어떤 그림이 그려졌는지 설명해 봅시다.

그려진 그림 표현

느낀 점

1. 공익 광고 영상 제작을 위한 스토리보드를 만들어 봅시다.

① 생물 다양성의 필요성과 멸종 위기종에 대한 사람들의 관심을 불러일으키고 이에 대해 우리가 실천할 수 있는 방안을 소개하는 공익 광고 영상을 제작합니다.

그림	내용	촬영 장소	소품	역할 분담

② 영상 한 줄 설명하기

함께하기

1. 모둠에서 만든 영상을 감상해 봅니다. 영상이 주는 시사점과 해결 방안에 대한 실천 가능성에 대해 평가해 보고 이를 종합하여 느낀 점을 작성해 봅시다.

	영상 주제	느낀 점
1		
2		
3		
4		
5		

글, 그림 등의 방법을 활용하여 수업에서 배운 내용을 정리해 봅니다.

탄소도 발자국을 남긴다?

관련된 지속가능발전목표(SDGs)

여러분은 오늘 하루, 얼마나 많은 탄소를 배출했나요?
탄소 발자국은 우리가 지구환경에 남기는 흔적과도 같습니다.
우리의 소비 하나하나가 어떻게 지구환경과 기후 변화에 영향을 미치는지 그리고 탄소발자국을 줄이는 데 구체적으로 무엇을 해야 할지, 우리의 생활을 되돌아보며 알아봅니다.

수업 활동의 흐름

과학 탄소로 인한 기후 변화 문제

도덕 탄소 발자국은 무엇일까?

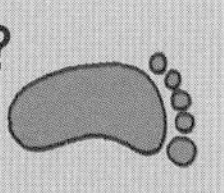
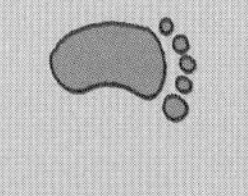
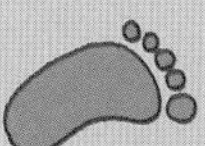
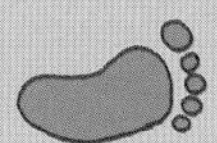
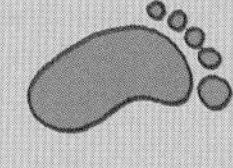

사회 열대 우림의 감소와 산업 구조

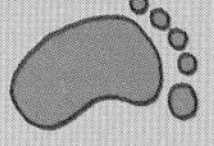
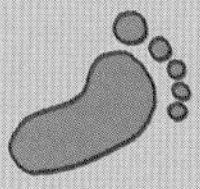

수학 탄소 발자국 계산하기

역사 탄소 중립과 기후 협약

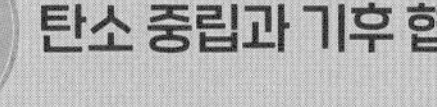

기술·가정 신재생 에너지

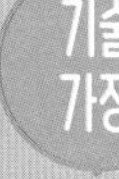

영어 탄소 발자국 줄이기 위한 방법 소개하기

미술 탄소 발자국 캠페인 광고 포스터 제작하기

생각 열기 과학

탄소로 인한 기후 변화 문제

✦ **다음 그림은 탄소가 형태를 바꾸면서 기후 시스템 내의 지권, 대기권, 수권, 생물권 사이를 이동하며 순환하는 것을 나타내고 있습니다.**

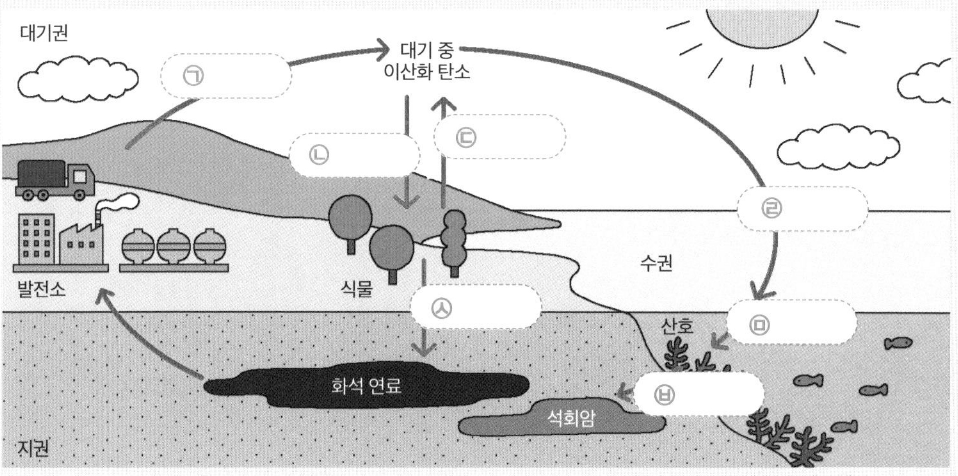

1. ㉠-㉦에 해당되는 내용을 적어 봅시다.

기호	내용	생각한 이유
㉠		
㉡		
㉢		
㉣		
㉤		
㉥		
㉦		

탐구하기

1. QR코드를 찍어 기후 변화와 관련한 여러 용어에 대한 정보를 찾아서 아래 표에 적어 봅시다.

기후 변화 과학 용어 해설집

용어	내용
기후	
온실가스	정의 교토 의정서 규제 대상 6대 온실가스 ______, ______, ______, ______, ______, ______
반응 가스	
온실 효과	
지구 온난화	

탐구하기

✦ **다음 자료는 대기 중의 이산화 탄소 농도와 지구 지표·해수 온도에 관한 것입니다.**

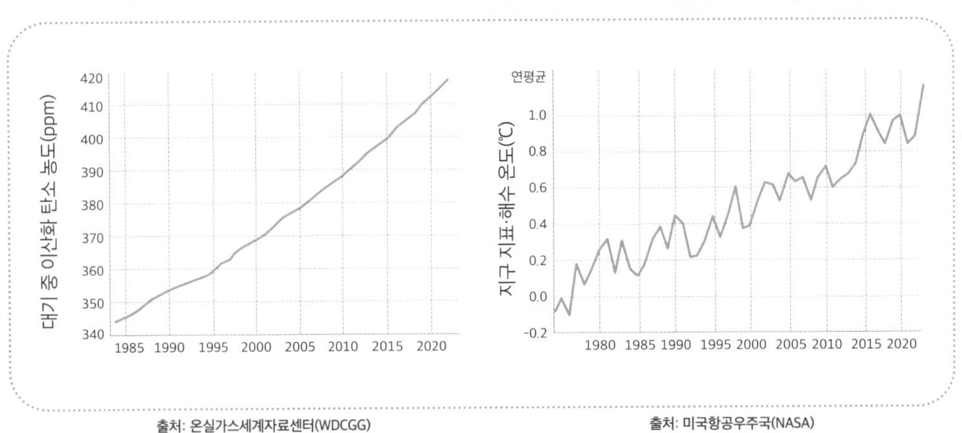

출처: 온실가스세계자료센터(WDCGG)

출처: 미국항공우주국(NASA)

1. 대기 중 이산화 탄소 농도가 과거에 비해 점점 높아지는 원인을 적어 봅시다.

2. 수십 년의 데이터를 비교할 때 이산화 탄소 농도와 지구 지표·해수 온도는 어떠한 관계를 가지고 있는지 적어 봅시다.

1. 교토 의정서 규제 대상 6대 온실가스의 이름과 주요 발생 원인을 적어 봅시다.

	온실가스	주요 발생 원인
1		
2		
3		
4		
5		
6		

2. 6대 온실가스의 발생 원인을 문명의 발전과 관련지어 설명해 봅시다.

생각 열기 도덕

탄소 발자국은 무엇일까?

1. QR코드를 찍어 영상을 보고 물음에 답해 봅시다.

의외로 심각한
전용기 탄소 배출 때문에
전면 금지 법안
준비 중인 나라

① 영상에 나오는 '전용기'는 무엇인지 설명해 봅시다.

② 전용기 사용이 기후 위기와 어떤 관련이 있다고 설명하고 있는지 정리해 봅시다.

③ 이 문제 해결을 위해 프랑스와 유럽 연합에서는 어떤 논의를 진행하는지 적어 봅시다.

탐구하기

1. 탄소 발자국의 의미를 찾아 작성해 봅시다.

2. 다음 글과 영상(QR코드)을 통해 새롭게 알게 된 사실을 정리해 봅시다.

인간은 에너지를 생산하고 소비하는 과정에서 대부분 화석 연료를 사용하게 되고, 이 과정에서 탄소가 배출됩니다. 이렇게 배출된 탄소는 산소와 결합하여 이산화 탄소가 되고, 이는 지구를 뜨겁게 만드는 원인이 됩니다.

우리의 일상적인 행동으로 인해 배출되는 탄소의 양은 매우 많습니다. 우리가 사용하는 전기, 도시가스를 비롯해 물도 탄소를 배출합니다. 양치나 샤워를 할 때 사용하는 물이 우리에게 오기까지 그리고 다시 정화되는 과정에서 에너지가 사용되기 때문입니다.

탄소 배출을 줄이기 위한 물 절약 방법으로는 양치 컵 사용하기, 샤워 시간 조절하기 등이 있습니다. 우리의 일상을 편리하게 만들어 주는 전기도 탄소 배출과 관련이 있어 주변의 전자 제품을 어떻게 사용하는지 점검해 볼 필요가 있습니다. 전기 절약 방법으로는 불필요한 메일 삭제하기, 사용하지 않는 전자 제품 플러그 뽑기, 전자 영수증 사용하기 등이 있습니다. 또한 직접적으로 화석 연료를 사용하는 교통수단도 탄소를 배출합니다. 내가 직접 타고 이용하는 교통수단을 생각해 볼 수 있지만 우리가 먹는 식품과 사용하는 물건들의 유통 과정에서 이용되는 비행기나 배에서도 탄소가 배출됩니다. 그래서 대중교통 이용을 권장하고, 제품도 주로 근접지역 생산품을 이용해 탄소 배출을 줄이려는 노력을 해야 합니다.

지구를 뜨겁게
만드는 탄소 이야기

탐구하기

새롭게 알게 된 사실은 무엇인가요?

3. 나의 한 끼 밥상에서 탄소가 얼마나 배출될지 QR코드를 찍어 확인해 봅시다.

탄소 계산기	결과 내용 작성하기	느낀 점 작성하기
한 끼 밥상 탄소 계산기		

함께하기

1. 나의 생활 습관을 점검하고 그 내용을 나의 탄소 발자국 안에 채워봅시다.

생활 습관 점검 항목	나의 생활 습관 점검
양치 컵 사용	
샤워 시간	
전자 제품 사용 습관	
교통 수단 이용 습관	
내가 먹는 식품 원산지	
그 외 생활 습관	

함께하기

열대 우림의 감소와 산업 구조

1. 열대 우림 감소 문제에 대해 알아봅시다.

열대 우림은 전 세계 생물 종의 절반 이상이 살고 있을 정도로 생물 다양성이 보존되고 있는 곳입니다. '지구의 허파'라고 불리는 열대 우림은 수많은 나무가 있어 이산화 탄소를 흡수하고 산소를 내뿜어 지구의 공기를 맑게 하는 역할을 하고 있습니다. 하지만 인구 증가와 경제 발전, 농업 개발이나 공업화 등의 이유로 열대 우림의 토양이 황폐화되고, 동물들의 서식지가 파괴되어 심각한 문제가 생기고 있습니다. 특히, 팜나무 열매에서 추출되는 식물성 기름인 팜유는 식용유로 이용될 뿐만 아니라, 바이오 디젤, 제약, 화장품, 화학, 비누 등 산업용 유지나 소비재 원료로 쓰이기도 합니다. 이처럼 수요가 많은 팜유 생산을 위해 인도네시아의 열대 우림을 밀어버리고 그 자리에 팜나무를 심으면서 오랑우탄과 같은 멸종 위기 동물의 개체수가 줄어들고 있습니다.

또한 팜유 농장을 만들 때 벌목을 태워버리는 과정에서 나오는 탄소 배출도 문제가 됩니다. 이뿐만이 아닙니다. 지구의 산소 중 약 5분의 1을 생산하는 아마존 열대 우림은 목축업자들로 인해 빠른 속도로 파괴되고 있어 울창한 열대 우림과 다양한 생물 종이 사라질 위기에 있습니다. 생물 종이 감소한다면 먹이 사슬이 끊기기 때문에 생태계가 빠르게 파괴됩니다.

① 열대 우림 감소로 인해 나타나는 문제는 무엇인지 적어 봅시다.

② 인간이 열대 우림 개발을 계속해서 하는 이유는 무엇인지 생각해 봅시다.

탐구하기

1. 탄소를 배출하는 산업 구조에 관한 글을 읽고, 다음 표를 작성해 봅시다.

우리나라의 수출 주력 산업은 철강, 시멘트, 석유 화학 산업 등입니다. 하지만 이러한 산업들의 문제는 탄소 배출 비중이 60%가 넘는 '탄소 다배출 산업'이라는 것입니다. 철을 생산하는 과정에서 많은 양의 온실가스가 발생하고, 시멘트 산업은 석회석에 열을 가하는 과정에서 많은 탄소가 배출됩니다. 또한 석유화학 산업의 경우, 주원료로 사용되는 나프타가 고온 분해 과정에서 탄소를 배출하게 됩니다. 이에 세계 각국은 파리협정에 근거하여 2016년부터 온실가스 감축 목표를 발표하고 이를 실행하기 위해 노력하고 있습니다. 우리나라도 2050년까지 탄소 중립을 이루겠다는 목표 아래 전 사업을 저탄소 경제구조로 전환하는 중입니다. 국내 철강 산업에서는 2017년부터 정부 주도로 친환경 철강 기술개발 프로젝트를 진행하고 있으며, 국내 시멘트 업계에서는 에너지 절약 및 환경 설비를 아우르는 합리적 설비 투자를 늘려가고 있습니다.

국가	탄소 배출량	탄소 배출 산업	탄소 중립(감축) 노력
대한민국			
미국			
독일			

1. 모둠별로 친환경 회사를 선정하고, 회사의 이름과 선정 이유를 적어 봅시다.

회사 이름	선정 이유

2. 친환경 회사의 가치나 철학을 중심으로 친환경 회사 소개 글을 작성해 봅시다.

3. 친환경 회사의 로고를 참고하여, 모둠별로 친환경 로고를 만들어 봅시다.

친환경 회사 로고 디자인	친환경 로고 디자인에 대한 설명

4. 활동 후 느낀 점을 적어 봅시다.

탄소 발자국 계산하기

✦ **다음 표는 일상생활에 따른 이산화 탄소 발생량 계산 방법입니다.**

발생 원인	이산화 탄소(CO_2) 발생량
가스	가스 사용량 (　　　) × 2.176 = 　　Kg
수도	수도 사용량 (　　　) × 0.237 = 　　Kg
전기	전기 사용량 (　　　) KWh × 0.4781 = 　　Kg
쓰레기	생활 폐기물 (　　　) Kg × 0.5573 = 　　Kg 생활 폐기물 (　　　) L × 0.0953 = 　　Kg
교통	휘발유 : 이동거리 (　　　) Km / × 0.1307 = 　　Kg 경유 : 이동거리 (　　　) Km / × 0.1682 = 　　Kg LPG : 이동거리 (　　　) Km / × 0.1689 = 　　Kg

출처: 한국기후·환경 네트워크

1. 본인을 포함해 총 5명의 일주일 동안 발생한 탄소 발자국을 적어 봅시다.

구분	작성자 이름					계(Kg)
가스						
수도						
전기						
쓰레기						
교통						
계						

✦ 대푯값에 관한 다음 글을 읽어 봅시다.

자료 전체의 중심 경향이나 특징을 대표적으로 나타내는 값을 그 자료의 '대푯값'이라고 합니다. 대푯값은 평균, 중앙값, 최빈값이 있습니다.

대푯값으로 가장 많이 사용하는 것은 평균입니다. 자료의 평균은 다음과 같이 구할 수 있습니다.

〈표〉 한 달 동안의 도시가스 사용량(㎥)

32	25	44	15	29	20	15	27	25	15

$$(\text{평균}) = \frac{32+25+44+15+29+20\_15+27\_+25+15}{10} = 24.7$$

어떤 자료를 작은 값부터 크기순으로 나열할 때, 자료의 중앙에 위치한 값을 그 자료의 '중앙값'이라고 합니다. 자료의 개수가 홀수이면 중앙에 위치한 하나의 값을 중앙값으로 하고, 자료의 개수가 짝수이면 중앙에 위치한 두 값의 평균을 중앙값으로 합니다. 〈표〉를 작은 값부터 크기순으로 나열하면 아래와 같습니다.

15 15 15 20 25 25 27 29 32 44

따라서 중앙값은 25입니다. 최빈값은 자료의 값 중에서 가장 많이 나타난 값을 말합니다. 〈표〉에서 가장 많이 나타난 값은 15입니다. 따라서 최빈값은 15입니다.

1. 생각 열기 에서 조사한 탄소발자국의 대푯값을 적어 봅시다.

구분	평균(Kg)	중앙값(Kg)	최빈값(Kg)
가스			
수도			
전기			
쓰레기			
교통			

함께하기

1. 우리 반 학생들의 탄소 발자국을 적고, 대푯값을 구해 봅시다.

학생	가스	수도	전기	쓰레기	교통
1					
2					
3					
4					
5					
6					
7					
8					
9					
10					

구분	평균(Kg)	중앙값(Kg)	최빈값(Kg)
가스			
수도			
전기			
쓰레기			
교통			

탄소 중립과 기후 협약

1. 탄소 중립 정의와 이 용어가 등장한 배경을 기후 협약과의 연관성을 적어 봅시다.

탄소 중립 용어의 정의

탄소 중립 용어가 등장한 배경

기후 협약과의 연관성

탐구하기

1. 세계 기후 변화 국제 협약 가운데 두 개를 선정해 모둠별로 다음 내용을 완성해 봅시다.

기후 협약 ____________________

채택 지역 ____________________

채택 연도 ____________________

발효 연도 ____________________

목적 ____________________

주요 내용 ____________________

____

____

기후 협약 ____________________

채택 지역 ____________________

채택 연도 ____________________

발효 연도 ____________________

목적 ____________________

주요 내용 ____________________

____

____

2. 모둠별로 완성한 협약 내용을 칠판에 붙이고 확인한 후, 다음 물음에 답해 봅시다.

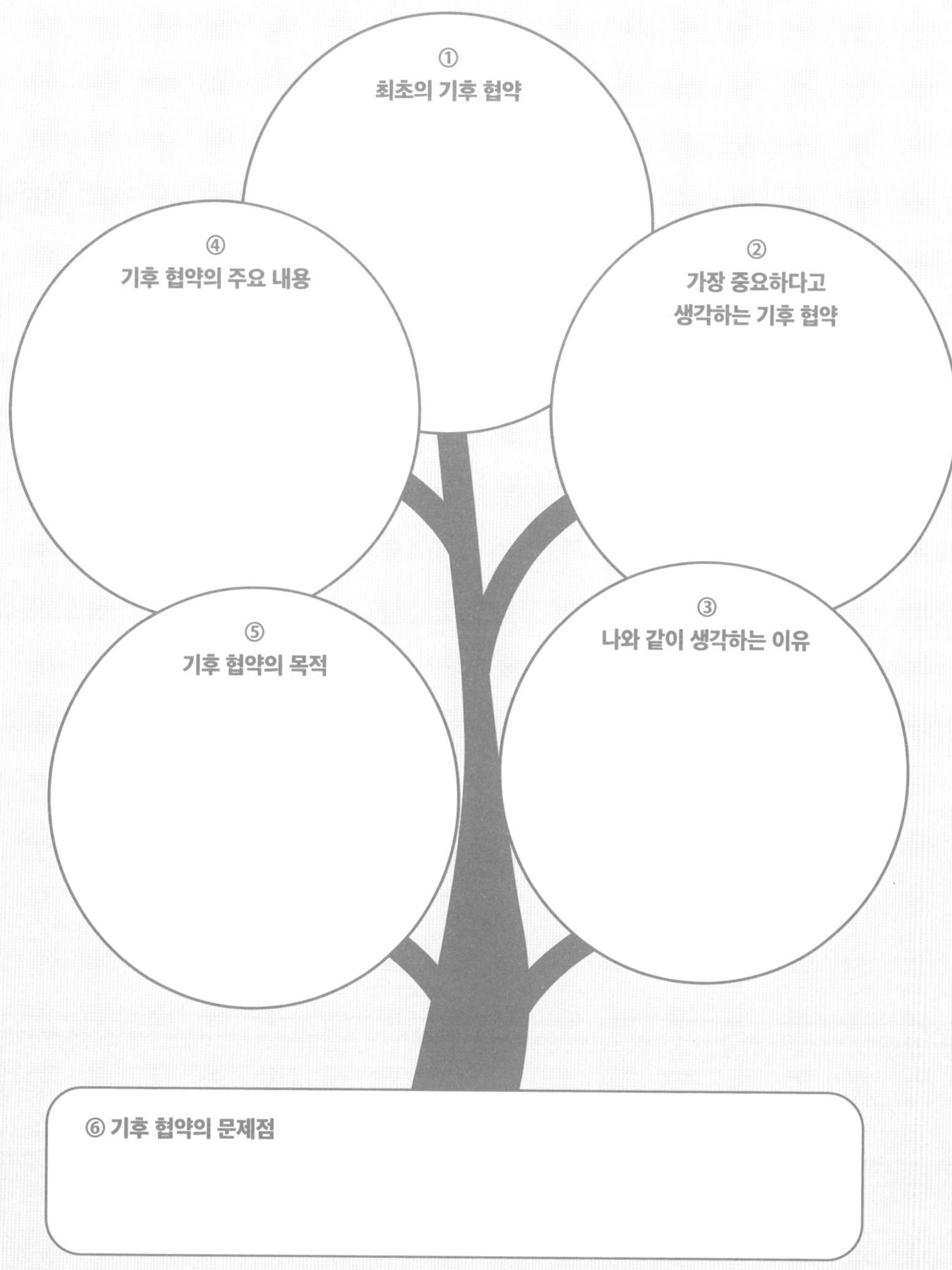

함께하기

1. 탄소 중립을 실천하기 위한 인류의 노력과 관련한 타임라인을 패들렛(PADLET)을 활용하여 만들어 봅시다.

탄소 중립 실천 역사 타임라인

신재생 에너지

1. 다음 글을 읽고 신재생 에너지에 대한 질문에 답해 봅시다.

석탄, 석유, 천연가스 등의 화석 연료는 저장과 사용이 편리하여 현재까지 전 인류가 쓰는 가장 중요한 에너지원입니다. 하지만 전 세계적으로 에너지 사용량이 증가하면서 매장량이 한정된 화석 연료가 고갈되고, 에너지 변환과 이용 과정에서 발생하는 오염 물질과 이산화 탄소가 지구 온난화를 가속시키고 있어 이를 대체할 에너지가 필요합니다. 그래서 지금, 여러 나라에서 화석 연료의 사용을 줄이고, 환경 오염을 시키지 않는 대체 에너지로 신재생 에너지의 개발과 이용을 늘리려고 노력하고 있습니다. 신재생 에너지는 기존의 화석 연료를 다른 형태로 전환해 이용하거나, 햇빛, 물, 지열 등을 에너지로 변환해 이용하는 에너지입니다.

① 신재생 에너지가 필요한 이유를 적어 봅시다.

② 신재생 에너지의 장단점을 찾아 적어 봅시다.

장점	단점
·	·
·	·
·	·

탐구하기

1. 다음 사진을 보고, 신재생 에너지의 이름과 특징을 정리해 봅시다.

· 이름

· 특징

· 활용

· 이름

· 특징

· 활용

· 이름

· 특징

· 활용

· 이름

· 특징

· 활용

· 이름

· 특징

· 활용

· 이름

· 특징

· 활용

함께하기

1. 신재생 에너지 도시를 만들어 봅시다.

활동 순서

❶ 신재생 에너지 시설 그림 그리기

❷ 그림 주변에 텍스트(에너지 활용법 등) 작성하기

❸ 우리 주변(혹은 지역)의 신재생 에너지 찾아보기

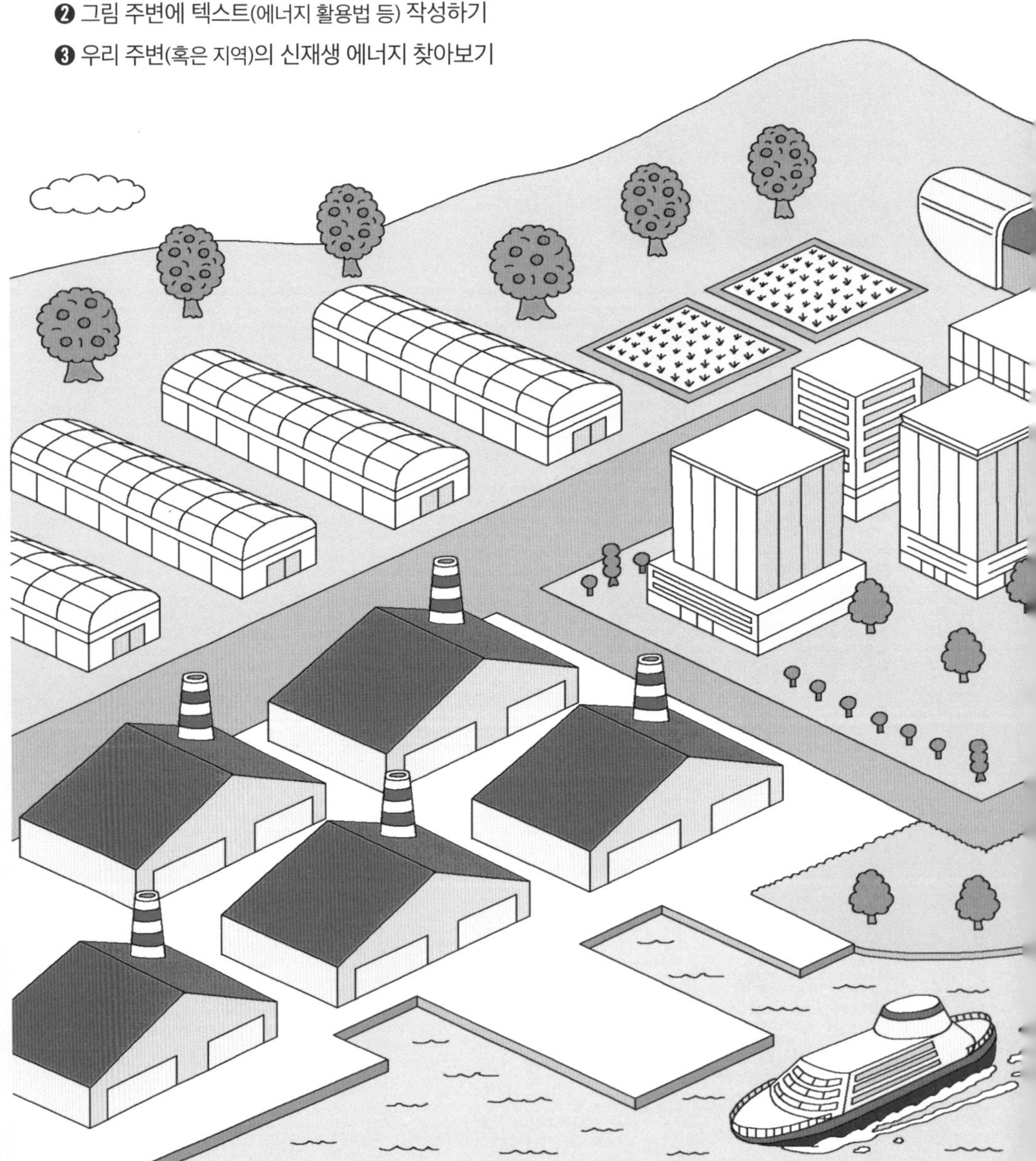

생각 열기 영어

탄소 발자국 줄이기 위한 방법 소개하기

✦ zero 표현을 이해해 봅시다.

zero: 숫자 0, 빠져서 없는, 영(0)에 맞추다.

1. 우리 주변에서 zero가 들어간 표현을 찾아 어떻게 사용되는지 의미를 해석해 봅시다.

2. Net Zero에 대한 영영사전의 의미를 해석하고 추가로 조사해 봅시다.

Net Zero : a target of completely negating the amount of greenhouse gases produced by human activity, to be achieved by reducing emissions and implementing methods of absorbing carbon dioxide from the atmosphere

예문 global net emissions of carbon dioxide will need to fall to net zero by 2050.

① 어렵거나 모르는 단어를 찾아 의미를 정리해 봅시다.

단어	의미	단어	의미

② 영영사전의 의미를 해석해 봅시다.

③ Net Zero에 대해 추가로 검색하여 그 내용의 의미를 조사해 봅시다.

탐구하기

1. Net Zero를 위한 우리나라 제도 중의 하나인 '탄소중립포인트 녹색생활 실천'을 QR코드를 찍어 검색하여 다음 내용을 조사해 봅시다.

탄소중립포인트
녹색생활 실천

참여 대상	
참여 방법	
실천 항목	
참여 혜택	

2. 조사한 내용을 바탕으로 이번 달, 자신의 생활 습관을 되돌아봤을 때 얼마의 포인트를 받을 수 있을지 계산해 봅시다. (인센티브 안내 부분 참고)

1. 인공지능(Edge-Copilot)을 활용하여 Net Zero의 중요성을 알릴 수 있는 내용으로 영작 활동을 해 봅시다.

조건

❶ 세 문장 이상으로 작성하기

❷ 탄소 중립의 중요성, 탄소 중립의 실천 방안, 탄소 중립 제도 알리기 중 하나의 주제로 작성하기

① 영작 내용을 옮겨 봅시다.

② 영작 내용을 분석합니다. 우선 어렵거나 모르는 단어를 찾아 의미를 정리해 봅시다.

단어	의미	단어	의미

③ 의미를 해석해 봅시다.

함께하기

2. 영작 내용을 활용할 수 있는 경우에 대해 모둠원들과 협의해 봅시다.

활용할 수 있는 경우	활용 내용
예시 학교 생활 규칙 UN 환경 친화 정책 연설	

탄소 발자국 캠페인 광고 포스터 제작하기

✦ **다음 글을 읽고 생각해 봅시다.**

위의 광고는 투표를 독려하기 위한 공익 캠페인 광고입니다.

'세상이 바뀔 리가 없어!'라고 부정적인 생각을 하는 사람들에게 '아니? 투표로 세상을 변화시킬 수 있어!'라는 긍정의 메시지를 전해주고 있습니다. 이 광고가 재밌는 것은 반전의 메시지가 드러나는 방식이 기표소 천막을 들추는 행위로부터 일어난다는 점입니다. 실제 투표를 할 때 사람들은 기표소 천막을 열고 그 안에서 투표를 합니다. 반전 효과와 함께 투표의 행위를 조합한 이 광고는 유권자의 힘으로 세상을 바꿀 수 있음을 보여줌으로써 투표를 해야겠다는 의지를 낳게 했습니다.

1. 위 광고가 사람들로부터 주목을 받았던 이유는 무엇이라고 생각하는지 적어 봅시다.

2. 위 글을 읽고 미루어 볼 때, 광고 디자인에서 고려할 요소에 대해 생각해 봅시다.

탐구하기

1. 광고 디자인의 목적을 알아봅시다.

좋은 광고 디자인이란 무엇일까요? 다양하고 화려한 시각적 효과를 활용한 것일까요?

좋은 광고 디자인을 하기 위해서는 우선 광고의 목적을 알아야 합니다. 광고는 광고를 보는 사람이 구매, 의식, 행동 등 변화가 일어날 수 있도록 하는 목적을 가지고 있습니다. 그렇기 때문에 사람들의 생각을 자극할 수 있는 광고가 효과적인 광고입니다. 다시 말해 좋은 광고 디자인은 의도를 정확하게 전달하면서 사람들에게 명확한 인상을 남길 수 있어야 합니다.

① 다음은 광고 유형의 대표적인 사례로, 어떤 의도를 가지고 있고 어떤 효과적 표현을 사용했는지 적어 봅시다.

2. 광고 디자인의 종류를 알아봅시다.

광고 디자인의 종류는 크게 네 가지로 분류할 수 있습니다. 신문이나 잡지와 같은 인쇄 매체, 라디오와 TV를 통한 전파 매체, 차내외 광고나 역내 간판 등을 활용한 교통 매체, 옥외 광고나 디스플레이 등을 활용한 설치 매체가 있습니다.

① 광고 매체의 네 가지 종류에 관하여 조사하고 예시를 찾아 스크랩 해봅시다.

인쇄 매체	전파 매체	교통 매체	설치 매체
예시	예시	예시	예시
광고의 메시지	광고의 메시지	광고의 메시지	광고의 메시지
효과적 표현	효과적 표현	효과적 표현	효과적 표현

② 탄소 발자국 캠페인 광고를 한다면 활용하고 싶은 매체와 그 이유를 적어 봅시다.

함께하기

1. 탄소 발자국 캠페인 광고를 제작해 봅시다.

전달하고 싶은 메시지

선택한 전달 매체

의도를 표현한 방법

제목

작품 설명

글, 그림 등의 방법을 활용하여 수업에서 배운 내용을 정리해 봅니다.

플라스틱은 인류의 축복인가? 재앙인가?

관련된 지속가능발전목표(SDGs)

우리 주변을 살펴봅시다. 플라스틱이 없는 곳이 있을까요? 어쩌면 플라스틱 없는 세상은 상상조차 힘들 것입니다. 플라스틱은 인류에게 많은 편리함을 제공합니다. 하지만 문제는 플라스틱이 환경적 재앙을 몰고 오는 지구 온난화의 주범이 되고 있다는 사실입니다. 결국 위대한 발명품으로 손꼽혔던 플라스틱이 인류를 위험에 빠트리고 있는 것이죠. 두 얼굴을 가진 플라스틱! 이 플라스틱과 현명하게 공존하는 방법을 탐색해 봅니다.

수업 활동의 흐름

- 역사: 플라스틱과 역사
- 기술 가정: 플라스틱의 활용성
- 영어: 플라스틱 섬은 왜 만들어질까?
- 정보: 플라스틱 정보 스캔앱 만들기
- 사회: 플라스틱의 경제학
- 도덕: 생활 속 플라스틱 소비 방안
- 과학: 플라스틱 분해가 어려운 이유는?

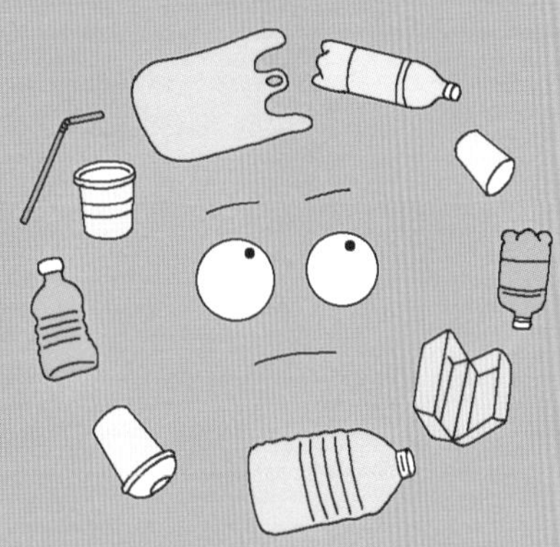

생각 열기 역사

플라스틱과 역사

✦ **다음 글을 읽고 물음에 답해 봅시다.**

① 역사를 배우는 이유는 우리가 어떤 과정을 거쳐 지금의 모습에 이르렀는지 이해하기 위해서입니다. 또한 문제가 발생했을 때 과거의 비슷한 경험에서 이를 성찰하고 해결할 수도 있습니다. 이처럼 역사를 학습함으로써 우리는 과거로부터 교훈을 얻으며, 앞으로 어떻게 대처해야 하는지 방향을 설정할 수 있습니다. 따라서 역사를 학습하는 것은 과거와 현재, 그리고 미래까지의 흐름을 이해하는 역사적 안목을 기르는 작업입니다.

② 인간은 고도의 지능을 바탕으로 도구를 활용하는 도구적 존재입니다. 인간의 역사는 도구 사용의 역사와 맥락을 같이한다고도 볼 수 있습니다. 석기를 활용한 석기 시대, 청동을 활용한 청동기 시대, 철을 활용한 철기 시대로 역사는 발전했으며, 현재 대부분의 도구에 플라스틱이 활용되는 만큼 우리는 지금 플라스틱 시대를 살고 있습니다. 플라스틱은 기술의 발달로 인해 다양한 방식으로 활용되고, 계속 진화하고 있습니다.

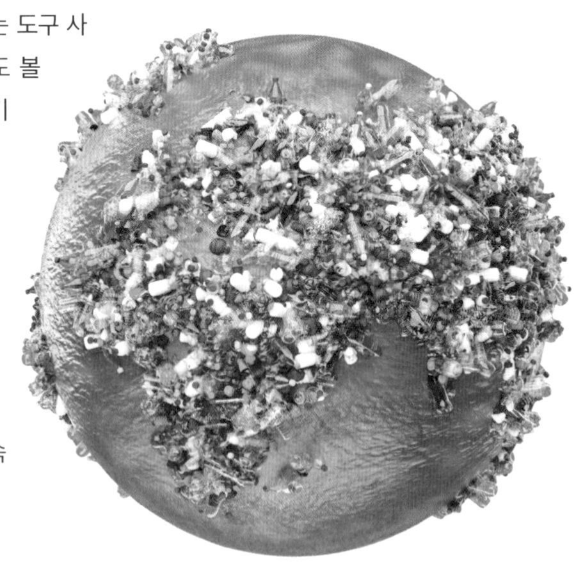

1. ①의 내용을 바탕으로, 삶에서 역사 학습이 도움이 되었던 경험을 적어 봅시다.

2. 플라스틱 시대에 살고 있는 우리가 플라스틱의 역사에 대해 학습하는 것이 삶에 어떤 도움이 될 수 있을지 작성해 봅시다.

3. 플라스틱 역사의 시작에 대한 자료를 찾아 다음 물음에 답해 봅시다.

플라스틱의 의미는?	
플라스틱의 시작은 당구공이다?	
초기에 플라스틱이 대체한 물품들은?	
플라스틱이 민주화에 기여하였다?	

탐구하기

1. 플라스틱 생산량은 제2차 세계대전 시기에 급증했습니다. 그 이후 오늘날까지 플라스틱은 다양한 곳에 사용되며 발전했습니다. 다음 제시된 키워드를 조사하여 플라스틱이 어떻게 대중화되었는지 그 과정을 알아봅시다.

사용된 분야	내용
영국, 군용 레이더	
미국, 나일론·낙하산	
각종 일회용품	
기타	

함께하기

1. 미래 지구인이 우리가 지금 사용하고 있는 '플라스틱 역사'를 학습한다고 할 때 소개할 수 있는 내용을 다음 양식에 맞게 작성해 봅시다.

20__________년 플라스틱 사용 소개서
① 플라스틱 사용 사례
② 플라스틱 관련한 사회 문제
③ ②의 문제를 해결하기 위한 노력

플라스틱의 활용성

1. 다음 제시된 재료를 활용하여 생산된 제품 중 우리 주변에 어떤 것들이 있는지 찾아 정리해 봅시다.

생산 기술은 인간의 필요와 욕구를 충족하기 위해 여러 가지 자원에 과학 이론을 적용하여 인간 생활에 유용한 산출물을 만드는 수단이나 방법입니다. 이러한 생산 기술은 다양한 재료의 변환, 제품의 설계, 다양한 공정을 거쳐 제품이나 구조물을 만듭니다.

재료	제품 사례
목재	
금속	
플라스틱	
신소재	

1. 다음 글을 읽고 물음에 답해 봅시다.

플라스틱은 원유를 정제해서 만든 합성 고분자 물질로, 열이나 압력에 따라 모양을 쉽게 변형할 수 있기 때문에 그 활용도가 높습니다. 그러나 이러한 플라스틱 제품은 사용량이 많은 만큼 버려지는 양도 계속해서 늘어나고 있어 환경 문제가 발생하고 있습니다.

플라스틱 사용을 줄이려는 노력으로 플라스틱 값을 높이자는 의견이 있습니다. 하지만 원료 값의 영향을 무시할 수 없고, ㉠플라스틱 제품이 위생이나 건강과 연결된 경우도 많기 때문에 그마저도 쉽지 않은 상황입니다.

① 플라스틱 제품을 이용하고 느낀 장점과 단점을 정리해 봅시다.

장점	단점

② ㉠처럼 플라스틱의 우리의 건강과 밀접하게 사용되는 사례를 조사해 봅시다.

활용 사례 ❶	
활용 사례 ❷	
활용 사례 ❸	

함께하기

1. 플라스틱이 우리 생활에 미치는 영향을 정리해 봅시다.

2. 플라스틱과 관련한 기사를 찾아 공유해 봅시다.

	내용	출처
내가 조사한 기사		
친구가 조사한 기사		

플라스틱 섬은 왜 만들어질까?

1. 플라스틱 섬은 왜 만들어지는지 적어 봅시다.

- What do you think about this picture?

- Why are plastic islands formed?

2. Let's play! 단어 찾기 게임을 통해 단어를 미리 학습해 봅시다.

a	e	c	u	r	r	e	n	t	f
v	e	w	i	n	d	d	i	n	l
p	l	a	s	t	i	c	n	g	o
a	a	s	o	a	s	d	e	c	a
f	e	t	a	e	l	a	e	t	t
q	i	e	f	o	a	a	l	b	d
o	g	f	d	a	n	o	n	e	s
e	e	d	p	p	d	o	n	e	g

- plastic : 플라스틱
- float : 물에 뜨다
- island : 섬
- ocean : 바다
- waste : 낭비하다, 낭비, 쓰레기
- current : 해류, 현재의

탐구하기

1. 다음 글을 읽고 질문에 답해 봅시다.

Did you know there's an island in the Pacific Ocean that doesn't appear on any map? Are you curious about the identity of this unmapped island?

In the summer of 1997, Captain Charles Moore experienced something strange while sailing. The yacht came to a halt because there was no wind. Captain Moore looked around and discovered what appeared to be an island. Upon closer inspection, however, it turned out to be a trash island formed by a massive collection of plastic garbage.

What's even more concerning is that since its initial discovery in 1997, this island's size has been increasing every year. Currently, the Pacific garbage island is estimated to be about seven times the size of the Korean Peninsula and contains a staggering 80,000 tons of garbage. Why does such a phenomenon occur?

In the Pacific, there are slowly swirling clockwise ocean currents. Trash gathers in these ocean currents, unable to drift elsewhere, forming a large plastic island. This garbage patch is not the only one. Wherever there are massive ocean currents, garbage patches inevitably form. There are five major garbage patches worldwide, including in the North Atlantic and Indian Oceans. This indicates that a significant amount of waste is being dumped into the oceans. According to a UNEP study, 8.3 billion tons of plastic have been produced since the 1950s, and it is estimated that about 5 billion tons have been landfilled or discarded into the ocean. This practice continues to this day. The waste dumped into the ocean has a severe impact on marine ecosystems.

① 플라스틱 섬이 만들어진 원인을 정리해 봅시다.

Trash gathers in ______________________, unable to drift elsewhere, forming a large plastic island.

A significant amount of ______________________________ into the oceans.

② 플라스틱 섬들의 위치를 검색해 보고, 지도에 표시해 봅시다.

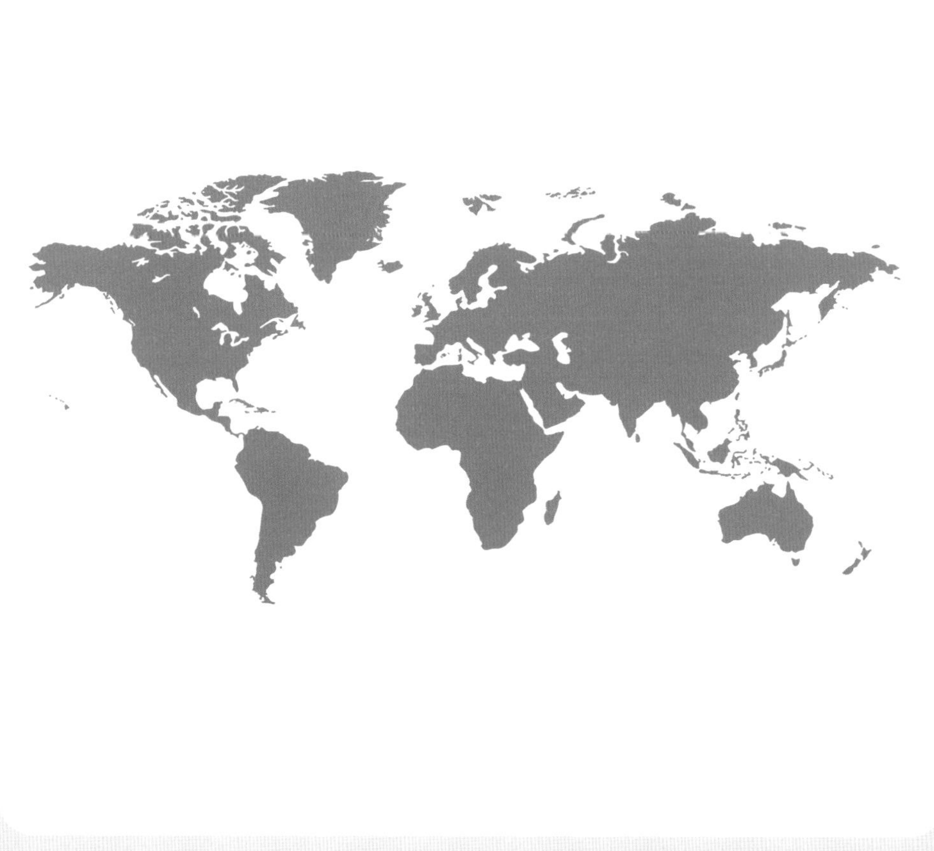

함께하기

1. 모둠별로 플라스틱 섬에 대해 조사하고 우리에게 어떤 영향을 끼치는지 알아봅시다.

Marine organisms eat plastic waste and get injured or die. This negatively impacts marine ecosystems.

This can also affect humans, as humans eat marine organisms.

2. 위에서 조사한 내용을 바탕으로 해양 플라스틱 문제를 알리는 자료를 만들어 봅시다.

플라스틱 정보 스캔앱 만들기

1. 플라스틱은 종류에 따라서 주로 사용되는 용도가 다릅니다. 다음 표를 완성해 봅시다.

종류	사용되는 용도
저밀도 폴리에틸렌 (LDPE)	• •
고밀도 폴리에틸렌 (HDPE)	• •
폴리에틸렌 테레프탈레이트 (PET)	• •
폴리비닐클로라이드 (PVC)	• •
폴리프로필렌 (PP)	• •
폴리스티렌 (PS)	• •

탐구하기

1. 티처블 머신을 활용하여 사물을 인식하는 인공지능을 만들어 봅시다.

①단계 - 노트북으로 QR코드를 찍거나 또는 노트북·데스크톱에서 인터넷 검색을 통해 티처블 머신(https://teachablemachine.withgoogle.com)에 접속해 봅시다. * 휴대폰이나 태블릿 지원은 안됩니다.

티처블 머신

②단계 - 〈새 프로젝트〉에서 〈이미지 프로젝트〉를 클릭해 봅시다.

③단계 - 〈표준 이미지 모델〉과 〈삽입된 이미지 모델〉중에서 〈표준 이미지 모델〉을 선택해 봅시다.

④단계 - 〈Class 1〉, 〈Class 2〉의 제목을 변경해 봅시다.

- 클래스 추가를 클릭하면 클래스의 수를 늘릴 수 있습니다.
- 클래스 제목은 이미지 샘플에 관련된 내용으로 적어야 합니다.

⑤단계 - 〈이미지 샘플〉을 추가해 봅시다.

- 웹캠을 사용하거나 업로드를 하여 이미지 정보를 클래스별로 추가합니다.

⑥단계 - 〈모델 학습시키기〉를 클릭해 인공지능을 학습시켜 봅시다.

⑦단계 - 〈미리보기〉로 학습 결과를 확인해 봅시다.

- 샘플에 따라서 정확하지 않은 결과가 나올 수 있습니다. 그럴 때는 ⑤단계로 돌아가서 이미지 샘플을 추가합니다.

⑧단계 - ⑤-⑦단계를 반복하여 정확도를 높여 봅시다.

2. 친구가 만든 사물 인식 인공지능을 사용하여 인공지능이 사물을 정확하게 분류하는지 테스트해 봅시다. 테스트를 마친 다음, 친구가 만든 인공지능을 보완하는 데 도움을 주고, 성능이 개선되었는지 확인해 봅시다.

친구 이름	테스트 결과 보완할 점	피드백 내용 및 결과
	• • •	내용 결과

3. 사물을 정확하게 분류하는 인공지능과 그렇지 않은 인공지능의 차이점을 알아봅시다.

차이가 발생하는 유형	원인	해결 방안

함께하기

1. 티처블 머신을 활용하여 플라스틱으로 만들어진 물건을 인식하는 인공지능을 만들어 봅시다.

①단계 - 플라스틱의 용도에 따라서 주로 사용되는 제품을 정리해 봅시다.

종류	주로 사용하는 제품의 공통점	이미지 샘플 선택 기준
저밀도 폴리에틸렌 (LDPE)		
고밀도 폴리에틸렌 (HDPE)		
폴리에틸렌 테레프탈레이트 (PET)		
폴리비닐 클로라이드 (PVC)		
폴리프로필렌 (PP)		
폴리스티렌 (PS)		

②단계 - 이미지 샘플을 수집해 봅시다.

③단계 - 티처블 머신을 활용하여 인공지능을 만들어 봅시다.

2. 다른 모둠이 만든 인공지능을 테스트해 봅시다. 테스트를 마친 다음에 다른 모둠이 인공지능을 보완하는 데 도움이 되는 피드백을 제공해 봅시다.

모둠 명	테스트 결과 보완할 점	보완 사항에 대한 피드백
	●	●
	●	●
	●	●

플라스틱의 경제학

1. 오늘 하루, 내가 사용한 플라스틱을 나열해 봅시다.

✦ 다음 지도는 전 세계 바다로 배출되는 플라스틱 폐기물 비율입니다.

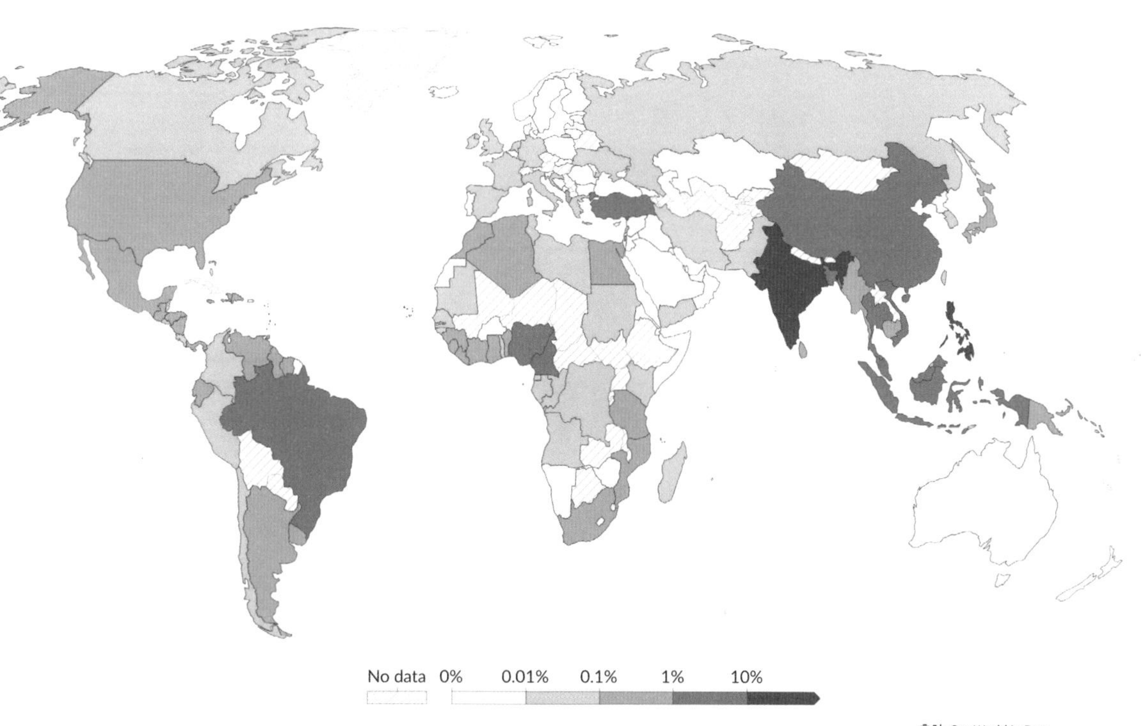

출처: Our World in Data

1. 폐기물 배출이 심각하다고 생각하는 3개국을 선정하여 적어 봅시다.

2. 위의 통계 지도의 내용에서 볼 때, 우리나라에서 플라스틱 문제는 심각하다고 생각하나요?

☐ 예 ☐ 아니오

탐구하기

3. QR코드를 찍어 기사를 읽고 우리나라의 플라스틱 사용과 관련된 문제 상황 및 우리나라에서 플라스틱 문제에 대한 자신의 생각을 적어 봅시다.

한국, 1인당 가장 많은 일회용 플라스틱 배출 국가 3위…1위는?

1. 다음 표는 나라별 플라스틱 사용량을 예측한 도표입니다. 모둠원들과 도표를 통해 알 수 있는 내용을 다섯 가지만 적어 봅시다.

플라스틱 사용량 예측

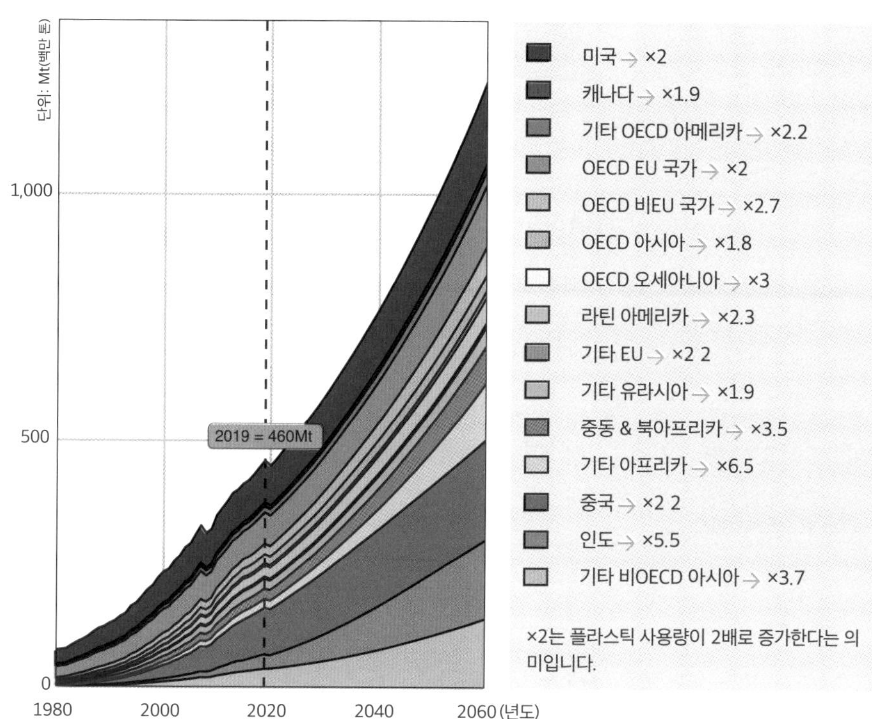

출처: OECD, Global Plastics Outlook-Policy Scenarios to 2060

도표를 통해 알 수 있는 내용
❶
❷
❸
❹
❺

함께하기

2. 모둠원들과 협의하여 플라스틱을 사용하는 이유를 개인, 기업, 국가의 관점에서 분석하고 대안을 탐색해 봅시다

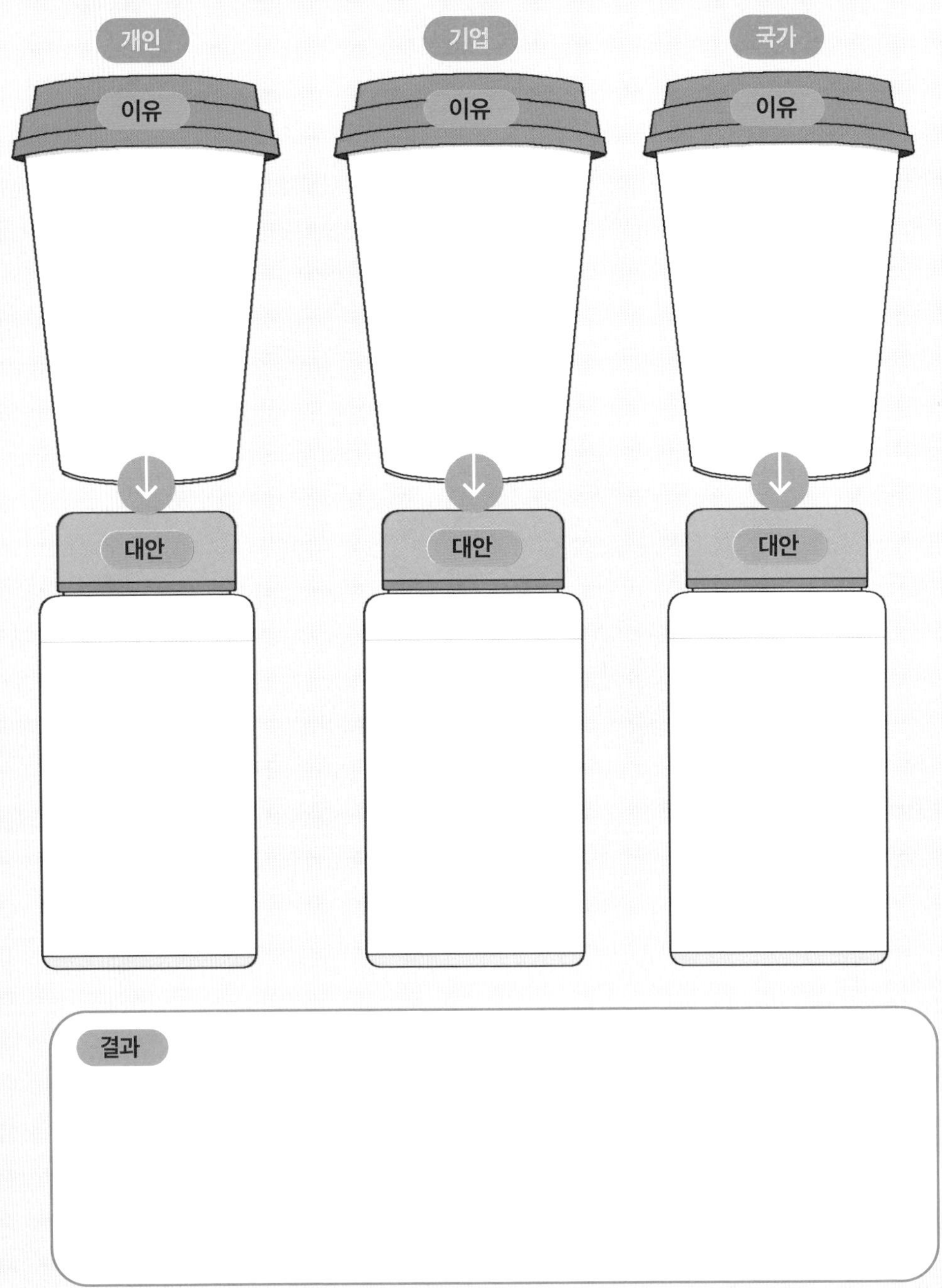

생활 속 플라스틱 소비 방안

1. 다음 글을 읽은 뒤 QR코드를 찍어 영상을 보고 물음에 답해 봅시다.

대형 트럭을 가득 채울 정도의 플라스틱 쓰레기가 1분에 한 번씩 바다에 버려지고 있습니다. 플라스틱 쓰레기는 도대체 어디서 나온 것일까요? 길거리나 해변에 버려진 플라스틱 쓰레기는 바람에 실려 강이나 바다로 흘러 들어갈 수 있습니다. 또한 치약에 흔히 사용되는 마이크로비즈, 합성 섬유로 만든 옷을 세탁기에 돌렸을 때 빠지는 미세 섬유, 화장실 변기에 버리는 물티슈 등은 모두 하수구를 통해 바다로 흘러 들어갑니다. 이렇게 버려지는 플라스틱 쓰레기는 해마다 증가하고 있어, 생산량보다 더 많은 플라스틱이 바다로 버려지고 있습니다.

바다로 버려진 플라스틱 쓰레기는 해류의 영향으로 전 세계 곳곳을 떠돌아다니며 태평양의 무인도를 비롯해 심지어 북극까지도 거대 플라스틱 지대로 만들어 버렸습니다.

플라스틱이 바다로 흘러 들어가게 되는 세 가지 방법

플라스틱이 가득 찬 세상, 우리 아이들이 마주할 미래가 될 수 있습니다

① 플라스틱은 어떻게 바다로 유입되는지 적어 봅시다.

② 플라스틱을 계속해서 사용하게 된다면 우리의 미래는 어떻게 될지 적어 봅시다.

탐구하기

✦ 우리 가족이 일주일 동안 사용한 플라스틱을 조사해 봅시다.

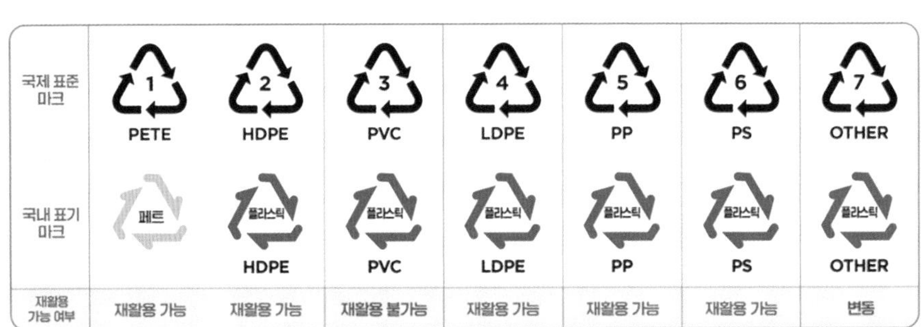

국제 표준 마크	1 PETE	2 HDPE	3 PVC	4 LDPE	5 PP	6 PS	7 OTHER
국내 표기 마크	페트	플라스틱 HDPE	플라스틱 PVC	플라스틱 LDPE	플라스틱 PP	플라스틱 PS	플라스틱 OTHER
재활용 가능 여부	재활용 가능	재활용 가능	재활용 불가능	재활용 가능	재활용 가능	재활용 가능	변동

플라스틱 재활용 마크 일곱 가지

1. 플라스틱을 종류별로 분류해 봅시다.

플라스틱 분류 기준

- 폴리에틸렌 테레프탈레이트(PETE, PET): 투명 생수병, 음료수병 등
- 고밀도 폴리에틸렌(HDPE): 전자레인지 용기, 장난감, 위생용품 등
- 폴리비닐클로라이드(PVC): 휴대폰 케이스, 창틀, 배관용 파이프 및 부품, 호스 등
- 저밀도 폴리에틸렌(LDPE): 비닐봉지, 비닐장갑, 필름 포장지 등
- 폴리프로필렌(PP): 식품 포장 용기, 자동차 부품, 가정용품 등
- 폴리스티렌(PS): 일회용 컵, 컵라면 용기, 단순 포장재 등
- 혼합 플라스틱(OTHER): 즉석밥 용기, 치약, 렌즈 등

	PETE	HDPE	PVC	LDPE	PP	PS	OTHER
종류 (개수)							

2. 플라스틱 재활용이 가능한 것과 불가능한 것으로 분류해 봅시다.

재활용 가능	재활용 불가능

3. 플라스틱이 우리 삶에 주는 영향을 생각해 봅시다.

참고 영상

플라스틱 없이 살아보기
PART 1

플라스틱 없이 살아보기
PART 2

플라스틱 없이 살아보기
PART 3

긍정적 영향	부정적 영향

함께하기

1. 다음은 환경부에서 진행한 '플라스틱 다이어트, 함께해요' 캠페인입니다. 실천한 후 사진을 찍어 SNS로 인증해 봅시다.

플라스틱 분해가 어려운 이유는?

1. 다음은 우리 주변에서 쉽게 접할 수 있는 물질을 나열한 것입니다. 순물질과 혼합물로 구분해 봅시다.

마요네즈, 물, 설탕, 소금, 알루미늄 포일, 암석, 우유, 탄산음료, 플라스틱

구분	물질
순물질	
혼합물	

2. 위와 같이 구분한 기준은 무엇인지 적어 봅시다.

탐구하기

1. 원소와 화합물에 관한 글을 읽고, 물음에 답해 봅시다.

원소는 수소와 산소와 같이 더 이상 분해되지 않으면서 물질을 이루는 기본 성분입니다. 물은 수소와 산소로 분해되므로 원소가 아닙니다. 지금까지 밝혀진 원소는 118가지이고, 이 가운데 90여 가지는 자연에서 발견된 것입니다.

화합물은 두 가지 이상의 원소가 결합하여 만들어진 물질입니다. 물은 수소와 산소가 결합하여 만들어진 물질이므로 화합물에 해당합니다.

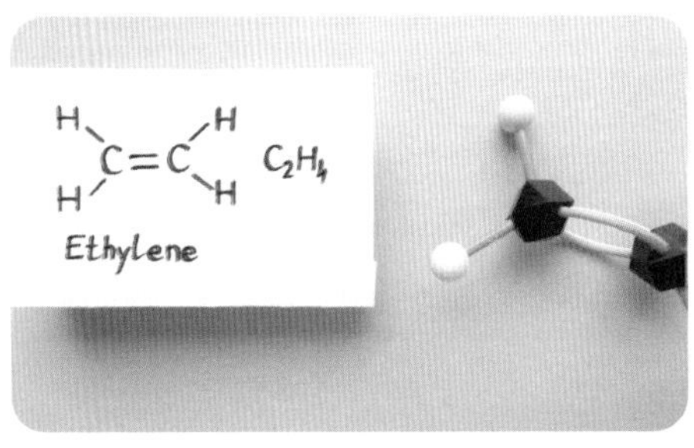

㉠플라스틱은 탄소와 수소가 일정한 규칙으로 결합하여 만들어진 대표적인 탄소 화합물입니다. 폴리에틸렌(PE)은 탄소 2개와 수소 4개로 이루어진 에틸렌이 수천에서 수십만 개가 연결되어 만들어진 가장 간단한 형태의 플라스틱입니다. ㉡에틸렌의 화학식은 C_2H_4이고, 밀도에 따라서 저밀도 폴리에틸렌(LDPE), 고밀도 폴리에틸렌(HDPE)로 나눌 수 있습니다.

① ㉠처럼 플라스틱은 탄소와 수소가 결합하여 만들어진 화합물입니다. 탄소와 수소 외에 산소, 질소, 염소 등과 같은 원소를 추가하여 성질이 다른 플라스틱을 만들 수 있습니다. 폴리에틸렌(PE)을 포함하여 여러 플라스틱의 특징을 조사해 봅시다.

종류	특징
저밀도 폴리에틸렌 (LDPE)	
고밀도 폴리에틸렌 (HDPE)	
폴리에틸렌 테레프탈레이트(PET)	
폴리비닐클로라이드 (PVC)	
폴리프로필렌 (PP)	
폴리스티렌 (PS)	

② ㉡과같이 에텔렌의 화학식인 C_2H_4는 탄소 원자와 수소 원자를 이용하여 그림으로 나타낼 수 있습니다. 예시 를 참고하여 현재 실생활에서 사용 중인 다양한 플라스틱의 화학식을 표현해 봅시다.

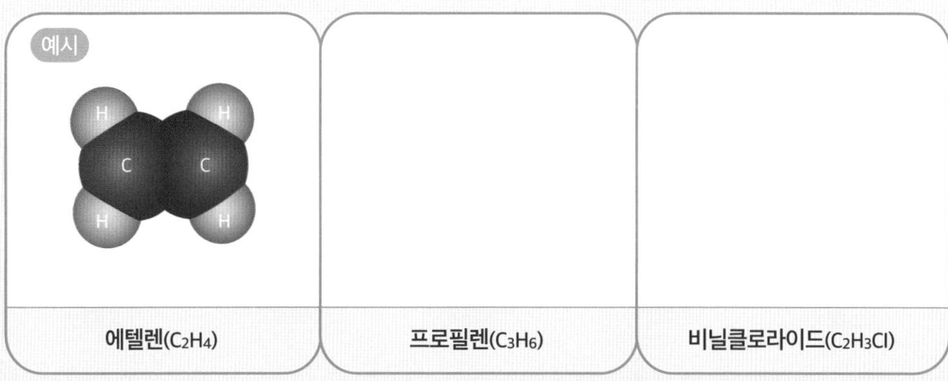

에텔렌(C_2H_4) | 프로필렌(C_3H_6) | 비닐클로라이드(C_2H_3Cl)

함께하기

1. 플라스틱의 분해 방안에 대한 글을 읽어 봅시다.

플라스틱은 편리하게 가공할 수 있다는 장점으로 인해 생활 속에서 다양하게 사용되고 있습니다. 그러나 사용 용도가 다한 플라스틱을 쓰레기로 버렸을 때, 비닐봉지가 분해되는 데 걸리는 시간은 약 20년, 플라스틱 용기는 500년 이상이 소요됩니다. 이렇게 ㉠플라스틱이 분해되는 시간이 오래 걸리는 문제를 해결하기 위해서 ㉡분해가 쉬운 플라스틱을 생산해야 한다는 사회적인 요구가 높아지고 있습니다.

최근에 주목받고 있는 플라스틱 분해 기술은 크게 생물학적 방식과 비생물학적 방식이 있습니다. 생물학적 분해 기술은 미생물이 보유하고 있는 효소에 의해 플라스틱이 분해되는 점에 주목한 것이고, 비생물학적 분해 기술은 광분해, 열산화 분해, 가수분해와 같은 방법이 있습니다.

① ㉠과 같이 플라스틱이 잘 분해되지 않는 이유를 조사해 봅시다.

② ㉡과 같이 분해하기 쉬운 플라스틱을 만들기 위해 노력하고 있습니다. 그중 생분해성 플라스틱과 광분해성 플라스틱의 장점과 단점을 조사해 봅시다.

	장점	단점
생분해성 플라스틱	• • •	• • •
광분해성 플라스틱	• • •	• • •

③ 생분해성 플라스틱과 광분해성 플라스틱 중에서 하나를 선택한다면 무엇을 선택할 것인지, 그 이유와 함께 적어 봅시다.

선택한 플라스틱	이유

지구를 지키는 습관, 윤리적 소비

관련된 지속가능발전목표(SDGs)

기후 위기는 우리 모두가 맞닥뜨린 전 지구적 문제입니다. 이는 인류가 지구를 함부로 쓴 결과이기도 합니다. 이제는 지구를 인류가 지켜야 할 차례입니다. 일상에서 시작하는 작은 습관부터 윤리적 소비까지. 지구를 지키는 방법과 함께 이를 통해 더 나은 세상을 만들 수 있는 우리의 자세에 대해 생각해 봅니다.

수업 활동의 흐름

- **도덕** 책임 있는 소비와 생산의 필요성
- **기술 가정** 리사이클링 vs 업사이클링
- **과학** 환경친화적 대체품의 과학적 원리

- **사회** 지속 가능한 소비 정책 제안하기
- **영어** What is the zero waste?
- **체육** 제로 웨이스트와 함께하는 건강 실천, 플로깅

- **미술** 업사이클링 제품 구상하기
- **음악** 업사이클링 활성화를 위한 숏폼 구상하기

생각 열기 도덕

책임 있는 소비와 생산의 필요성

1. 책임 있는 소비가 무엇인지 알아봅시다.

소비란 일반적으로 욕구를 충족하기 위해 재화를 사용하여 무언가를 구입하는 행위를 말합니다. 이러한 소비 행위에는 단순히 물건을 구매하는 의미보다 더 큰 의미를 지니는 행위이기도 합니다. 예를 들어 과한 소비로 자원을 낭비하다 보면 전 세계적으로 자원 고갈 문제를 일으킬 수 있으며, 소비로 인해 발생하는 폐기물은 환경오염을 불러올 수도 있습니다. 또한 값이 싸고 편리함만을 추구하는 소비 패턴은 물품이 생산되는 과정에 있어서 노동 조건과 같은 인권적인 부분을 고려하지 못함으로써 사회적 영향도 끼칠 수 있습니다.

따라서 우리는 '책임 있는 소비'를 하기 위해 노력해야 합니다. 우리가 자원 낭비를 줄이고 폐기물이 재활용되는 물건을 구입하고 환경적·사회적 가치가 있는 물건을 구입하고자 노력한다면 생산자 또한 이에 맞는 물건을 생산할 수밖에 없을 것입니다.

그리고 이러한 소비가 가능할 수 있도록 생산 과정에서 경제적·환경적·사회적 문제가 없는지를 감독하는 정부의 정책이 있어야 합니다. 또한 소비자가 책임 있는 소비를 할 수 있도록 지원하는 정책도 필요합니다. 결국 지속 가능한 환경을 만들기 위해서는 소비자와 생산자, 그리고 정부가 모두 책임을 다할 필요가 있습니다.

① 자신이 소비할 때 고려하는 것으로 알맞은 내용을 아래 표에서 고르고, 이를 이용하여 자신이 '책임 있는 소비'를 하는지를 평가하는 문장을 만들어 작성해 봅시다.

가격, 양, 품질, 폐기물의 재활용 가능성, 생산 과정에서의 노동 조건, 생산 과정에서의 에너지 사용량, 정부 정책의 지원 상품, 친환경 제품

* 적절한 용어가 없다면 자신이 추가하여 문장을 만들어도 됩니다.

② 소비자가 책임 있는 소비를 할 수 있도록 지원하는 정책으로는 어떤 것이 있는지 검색해 보고, 그 내용을 정리하여 공유해 봅시다.

정책	
내용	

탐구하기

✦ 나는 책임 있는 소비를 하고 있는지 탐구해 봅시다.

1. 최근에 자신이 소비한 것 중 하나를 골라 다음 물음에 답해 봅시다.

① 내가 소비한 것은 무엇인가요?

② 이것에는 플라스틱이 얼마나 사용되었나요?

③ 이것으로부터 폐기물은 얼마나 나오나요?

④ 이것으로부터 나온 폐기물은 재활용이 가능한가요?

⑤ 이것은 친환경 제품인가요?

⑥ 이것이 생산될 때의 노동 조건(근로 시간, 공정한 임금 지불 등)이 어떤지 알고 있나요?

⑦ 이것이 생산될 때 사용된 에너지는 탄소 배출을 얼마나 하는지 알고 있나요?

⑧ 이것은 나에게 꼭 필요한 소비였나요?

2. 1 물음에 대한 답변을 토대로 자신은 '책임 있는 소비'를 하고 있는지 판단하고 그 내용을 작성해 봅시다.

3. 소비가 끝난 물건, 즉, 폐기물은 어떻게 처리해야 할까요? QR코드를 찍어 그 방법에 대해 조사하고 공유해 봅시다.

함께하기

✦ 책임 있는 소비를 위해 우리 주변을 탐색해 봅시다.

1. 우리 주위에 있는 상품은 어떤 정보를 제공하고 있는지 조사해 봅시다.

① 상품에는 가격, 사용 방법, 보증 기간 등 다양한 정보가 표시되어 있습니다. 자신이 가진 물건 중 하나를 골라 어떤 정보들이 소비자에게 제공되고 있는지 나열해 봅시다.

내가 고른 물건	제공되고 있는 정보

② 조사한 내용을 공유하고 새로 알게 된 정보나 인상 깊은 내용을 정리해 봅시다.

친구가 고른 물건	제공되고 있는 정보
새로 알게 된 정보나 인상 깊은 내용	

2. 다음은 공정무역 마크입니다. 이 마크가 찍힌 상품에 대해 조사해 봅시다.

① 이 마크의 의미는 무엇인지 적어 봅시다.

② 이 마크가 새겨진 물건은 어떤 것들이 있는지 조사해 봅시다.

리사이클링 vs 업사이클링

✦ 리사이클링과 업사이클링에 대해 알아봅시다.

리사이클링(recycling)이란 이미 사용한 제품이나 재료를 회수하여 본래 모습 그대로 다시 사용하거나, 재활용 공정을 통해 활용 가능한 형태로 가공하여 다시 사용하는 것을 말합니다. 업사이클링(upcycling)은 업그레이드(upgrade)와 리사이클링(recycling)의 합성어로, 사용하지 않거나, 버려지는 제품을 단순히 재활용하는 차원을 넘어 새로운 가치를 창출하여 새로운 제품으로 재탄생시키는 것을 말합니다. 리사이클링과 업사이클링은 서로 다른 의미와 방식으로 사용됩니다, 하지만 둘 다 환경을 보호하고 지속 가능한 삶을 추구하기 위한 것으로, 자원의 재활용률을 높이고 환경을 보호하는 데 큰 역할을 합니다. 또한 재활용되는 자원이나 제품을 재생산하는 것이 새로운 제품을 생산하는 것보다 비용적인 문제를 줄일 수 있어서 경제적인 이익을 얻을 수도 있습니다. 이러한 리사이클링과 업사이클링은 소비자들에게 환경 문제에 대한 인식을 심어 주고, 지속 가능한 소비 문화를 확산시킬 수 있다는 장점이 있습니다.

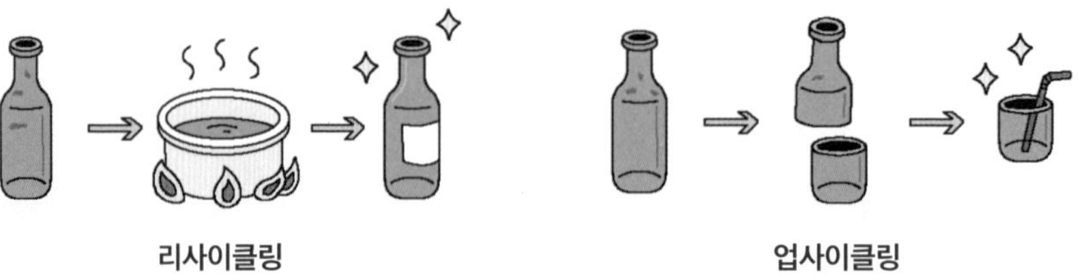

1. 리사이클링과 업사이클링의 공통점과 차이점에 대해 적어 봅시다.

공통점	
차이점	

2. 리사이클링과 업사이클링의 사례를 우리 주변에서 찾아봅시다.

리사이클링		업사이클링	
1		1	
2		2	
3		3	

탐구하기

✦ 리사이클링을 실천해 봅시다.

1. 리사이클링 목록을 작성해 봅시다.

리사이클링 실천 목록 작성

- [x] 유리병을 세척하여 다시 사용하기
- [ ]
- [ ]
- [ ]
- [ ]
- [ ]
- [ ]
- [ ]

2. 리사이클링 목록을 실천하며 기록한 후, 느낀 점을 적어 봅시다.

날짜	/	/	/
사진과 기록			
느낀 점			

✦ 업사이클링 제품을 만들어 봅시다.

1. 업사이클링을 할 수 있는 제품을 집에서 찾아봅시다.

업사이클링 할 제품 목록

2. 업사이클링 할 제품 디자인을 구성해 봅시다.

함께하기

3. 내가 만든 업사이클링 제품을 글로 소개해 봅시다.

제품명	
제품 소개	
제품 기능	
제품 특징	

환경친화적 대체품의 과학적 원리

1. 다음 생활용품이 분해되기까지 걸리는 기간을 조사하여 화살표로 나타내 봅시다.

생활용품	분해되는 기간
	짧다 ⟷ 길다
종이	2-5개월
	짧다 길다
나무젓가락	
	짧다 길다
일회용 컵	
	짧다 길다
알루미늄 캔	
	짧다 길다
비닐봉지	
	짧다 길다
스티로폼	
	짧다 길다

탐구하기

✦ **환경친화적 대체품은 왜 필요할까요? 미세 플라스틱에 대한 다음 글을 읽어 봅시다.**

크기가 작은 플라스틱은 나노 플라스틱과 미세 플라스틱으로 구분할 수 있습니다. 나노 플라스틱은 1㎛(마이크로미터)보다 작은 플라스틱 입자이고, 미세 플라스틱은 크기가 1㎛-5㎜인 플라스틱 입자입니다. 여기에서 화학적으로 변형되지 않은 자연 발생 폴리머와 생분해성 폴리머는 미세 플라스틱에서 제외됩니다. 미세 플라스틱은 의도적으로 만든 경우와 플라스틱이 물리적·화학적·생물학적 과정을 통해 분해되어 발생하는 경우가 있습니다.

분해되어 바다를 떠돌아다니는 미세 플라스틱은 해양 생물들이 먹이로 오인하여 이를 섭취하므로 전체 먹이 사슬이 교란될 수 있고, 해산물을 먹는 사람에게도 위협이 될 수가 있습니다.

1. 환경친화적 대체품이 필요한 이유를 적어 봅시다.

2. 자료 조사를 통해 일상적으로 사용하고 있는 생활용품을 대신할 수 있는 환경친화적 대체품을 찾아봅시다.

❶ 가장 마음에 드는 환경친화적 대체품을 제시하고, 그 특징을 살펴봅시다.
❷ 기존 제품을 추가하고, 추가한 제품을 대신할 수 있는 대체품과 특징을 찾아봅시다.

기존 제품	환경친화적 대체품	사용되는 용도
플라스틱 컵		• •
플라스틱 빨대		• •
아크릴 수세미		• •
칫솔		• •
비닐 랩		• •
		• •

함께하기

1. 환경친화적 대체품을 고르는 기준에 관하여 토의해 봅시다.

기준	기존 제품		환경친화적 대체품	
	장점	단점	장점	단점
효능 (성분)	• •	• •	• •	• •
가격	• •	• •	• •	• •
분해 기간	• •	• •	• •	• •

2. 환경친화적 대체품을 찾기 어려운 생활용품을 선정하고, 왜 환경친화적 대체품을 찾기 어려운지 생각해 봅시다.

생활용품	특징	환경친화적 대체품을 찾기 어려운 이유
		• •
		• •

지속 가능한 소비 정책 제안하기

✦ 다음 글을 읽고 지속한 가능한 소비에 대하여 생각해 봅시다.

현대 사회에서는 필요 이상으로 돈이나 자원을 소비하는 '과소비', 실용적인 면보다는 좋은 품질, 높은 가격의 제품을 사거나 사용하는 '과시 소비', 물건을 살 생각이 없었음에도 갑자기 구매 욕구가 생겨 그 물건을 사는 '충동 소비' 등 다양한 소비 형태가 나타나고 있습니다. 또한 상품 구매를 통한 욕구 충족을 목적으로 생각하는 '소비주의'와 물질적 소유가 삶의 중심이 되어 물질적 만족을 최고의 가치로 믿는 '물질주의', 상품의 기능보다 상품의 이미지를 더 중시하여 소비하는 '상징주의'가 만연하고 있습니다. 이러한 소비 형태와 사고방식은 자원 낭비와 폐기물 양산으로 이어져 환경 문제를 발생시키는 것뿐만 아니라, 빈부격차를 더욱 심화시켜 사회적 약자의 상대적 박탈감을 초래하는 결과로 이어지게 됩니다. 이와 같은 현대 소비의 문제점을 해결하기 위한 대안으로 지속 가능한 소비의 실천이 요구되고 있습니다.

지속 가능한 소비란 미래 세대의 소비 욕구를 희생시키지 않으면서 현세대의 욕구를 충족시키는 소비 형태를 의미합니다. 즉, 자연환경을 보전하고 이웃과 사회의 공존을 추구하여 다음 세대가 행복한 삶을 영위할 수 있도록 필요와 욕구를 조절하는 소비 생활입니다. 이를 위해서는 자원을 보존한 후 더 나은 방식을 통해 자원 소모를 줄이고, 재생 가능 에너지를 활용하여 자원을 지속 가능한 수준으로 유지하며, 효율적으로 자원을 이용해서 재사용하는 등의 친환경적인 소비 생활이 필요합니다. 지속 가능한 소비를 실천하기 위해서는 충동구매와 무분별한 소비를 하지 않도록 구매 전에 제품의 필요성에 대해 신중하게 고민하며, 오랫동안 제품을 사용할 수 있도록 내구성이 높은 제품을 선택해야 합니다. 또한 포장이 필요 없는 제품을 구매하거나, 불필요한 포장물을 줄이고, 환경에 부담을 주지 않는 친환경적인 제조 방법을 사용한 제품을 구매하려고 노력해야 합니다.

생각 열기

1. 지속 가능한 소비는 무엇인지 적어 봅시다.

2.. 지속 가능한 소비 문화가 형성되기 위해서는 어떤 노력이 필요한지 적어 봅시다.

탐구하기

1. 지속 가능한 소비 정책에 무엇이 있는지 조사하여 적어 봅시다.

소비자	예시 일회용 컵 보증금제
기업	
정부	

2. 지속 가능한 소비 정책에 대한 4컷 만화를 만들어 홍보해 봅시다.

함께하기

1. 나만의 지속 가능한 소비 정책 제안서를 만들어 봅시다.

제안 제목	
제안 배경 (제안 이유)	
정책 과제 (개선 방안)	
기대 효과	

What is the zero waste?

1. 다음 글을 읽고 물음에 답해 봅시다.

Minju: Have you heard about zero waste?
Ben: Yeah, a little. What is it?
Minju: It means trying to produce as little waste as possible. It's about living a life that uses less trash.
Ben: How can we do that?
Minju: We can reuse things, avoid buying unnecessary items, recycle, and compost. Even small changes can help our planet.
Ben: That's a good idea. We should also be mindful of the products we buy.
Minju: Exactly! We should choose products that are made in an environmentally friendly way.
Ben: I didn't think about that before.
Minju: And remember, zero waste isn't just about what happens after we use something. It's about the whole process, from production to consumption.
Ben: That's true. We should consider the waste produced during the entire life cycle of a product.
Minju: If we do that, companies might be encouraged to make products that are better for the environment.
Ben: That's a great goal.
Minju: And the best way to be zero waste is to use things again and again. It's like creating a circle.
Ben: I like that idea.
Minju: So, let's all do our part to reduce waste and make the world a better place!
Ben: Absolutely! Let's work together.

생각 열기

① 본문의 대화 내용과 일치하는지 판단하고, 맞으면 True, 틀리면 False로 표시해 봅시다.

❶ Zero waste means producing absolutely no waste. (　　　　　)

❷ To practice zero waste, you must recycle all products. (　　　　　)

❸ Zero waste considers the entire lifecycle of a product, from production to disposal. (　　　　　)

❹ Zero waste can be achieved solely through individual efforts. (　　　　　)

② 빈칸에 알맞은 단어를 보기에서 찾아 채워 봅시다.

보기	refusing, lifecycle, products, waste, zero waste

❶ Zero waste is about reducing __________ as much as possible.

❷ We can practice zero waste by __________, recycling, and composting.

❸ It's important to consider the entire __________ of a product.

❹ Choosing environmentally friendly __________ can help reduce waste.

❺ Everyone can contribute to a __________ lifestyle.

3. QR코드를 찍어 Zero Waste 운동의 다섯 가지 원칙(5R)을 살펴보고, 해당하는 이미지에 그 내용을 적어 봅시다.

Zero Waste 기본 규칙
5R

Zero Waste 생활
5R

Zero Waste를 위한
5R

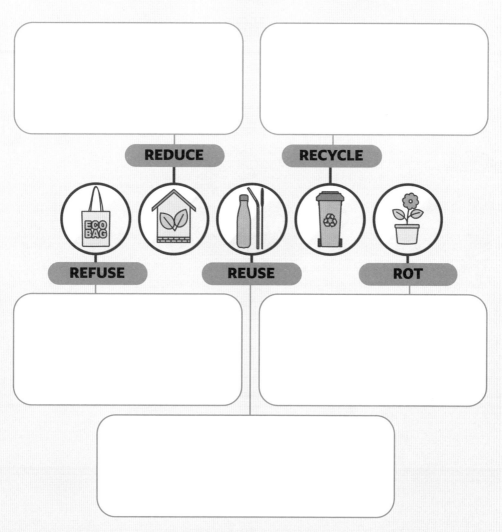

REDUCE

RECYCLE

ECO BAG

REFUSE

REUSE

ROT

함께하기

4. 모둠 구성원들이 협업하여 Zero Waste를 생활 속에서 실천할 수 있는 방법에 해당하는 영단어를 찾아 나열해 봅시다.

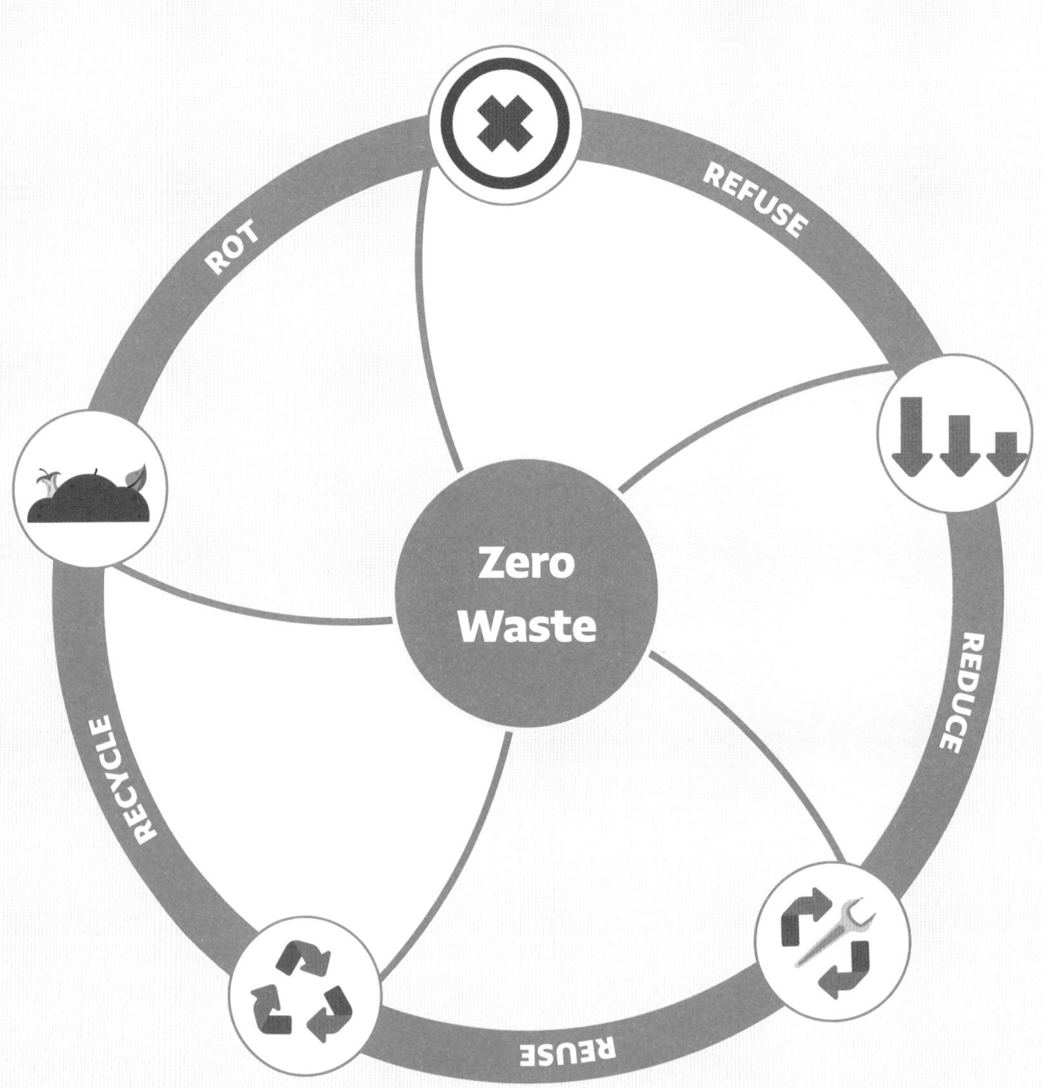

5. 모둠에서 찾은 실천 방법에 관한 영단어를 나무에 작성하고 활동 결과를 공유해 봅시다.

생각 열기 체육

제로 웨이스트와 함께하는 건강 실천, 플로깅

1. 플로깅(plogging)의 의미를 알아봅시다.

책임 있는 소비를 위해서는 폐기물을 최소화하고, 재활용이 가능한 제품을 선택해야 합니다. 이와 관련해 최근 환경에 대한 관심이 높아지자, 조깅하면서 주변의 폐기물을 수거하는 플로깅이 유행입니다. 플로깅은 환경보호 활동일 뿐만 아니라 달리기로 인한 건강 증진의 효과까지 볼 수 있는 좋은 신체 건강 활동의 하나입니다.

① 플로깅의 어원을 찾아 내용을 정리해 봅시다.

② 플로깅이 갖는 환경적·신체 건강적 효과를 조사해 봅시다.

1. 플로깅 활동을 계획해 봅시다.

① 플로깅을 하기 위해 무엇이 필요할지 작성해 봅시다.

② 우리 동네 주변을 깨끗하게 하기 위한 플로깅 코스를 계획해 봅시다.

우리 동네 지도에 코스를 그려 봅시다.

구체적인 코스 내용을 정리해 봅시다.

출발점 →

→

→

→

도착점

함께하기

1. 플로깅 활동 결과물을 확인해 봅시다.

① 플로깅 활동 중 수거한 폐기물 목록을 작성해 봅시다.

	폐기물 내용	재활용 가능 여부	처리 방법 추가 조사 내용
1			
2			
3			
4			
5			

② 수거한 품목을 활용하여 업사이클링을 계획해 봅시다.

제품명	
활용한 폐기물과 제작 의도	
제작 방법 설명	
제품의 시안	

미술

생각 열기

업사이클링 제품 구상하기

1. QR코드를 찍어 영상을 보고 물음에 답해 봅시다.

우리가 헌 옷 수거함에
버린 옷들이
향하는 곳

① 여러분이 새 옷을 사는 주기는 어떻게 되는지 적어 봅시다.

② 옷 구매가 필요한 이유에 대해 정리해 봅시다.

③ 영상 속에서 해마다 몇 벌의 옷이 만들어지고 몇 벌의 옷이 버려지고 있는지 적어 봅시다.

④ 영상을 보고 드러난 문제점에 대해 정리해 봅시다.

⑤ 영상을 보고 느낀 점을 정리해 봅시다.

탐구하기

1. QR코드를 찍어 잡지에 실린 옷을 이용하여 만든 콜라주 작품을 살펴보고 물음에 답해 봅시다.

최소영 개인전
<잠잠한 풍경>
청바지가 그린 도시일상

① 작품에서 눈에 띄는 점과 함께 느낀 점을 적어 봅시다.

② 작품에서 사용된 기법인 콜라주 기법에 대해 조사해 봅시다.

콜라주란?

함께하기

1. 앞의 작품을 참고하여 헌 옷 콜라주 작품을 계획하고 스케치해 봅시다.

내가 사용할 헌 옷 ______________________

추가로 사용할 업사이클링 재료 ______________________

스케치

작품 제목 ______________________

작품 의도 ______________________

____

____

2. 위 계획을 바탕으로 콜라주 작품을 만들고 이를 친구들과 공유해 봅시다.

생각 열기 음악

업사이클링 활성화를 위한 숏폼 구상하기

1. QR코드를 찍어 영상을 보고 다음 물음에 답해봅시다.

숏폼이 음원차트 역주행 필수코스가 된 비결

① 영상에서 숏폼은 어떤 용도로 이용되고 있는지 적어 봅시다.

② 여러분은 숏폼을 어떤 목적에서 사용하고 있는지 작성해 봅시다.

③ 숏폼을 통해 챌린지를 만든다면 얻을 수 있는 효과에 대해 정리해 봅시다.

탐구하기

1. 업사이클링 활성화를 위한 숏폼 챌린지를 계획해 봅시다.

모둠 이름	
업사이클링 활성화를 숏폼으로 구현할 주제	

기존에 있던 음악 가사	개사할 음악 가사

CUT	장면	내용	음악 가사

탐구하기

CUT	장면	내용	시간

역할 분담	역할 :	역할 :	역할 :	역할 :
	담당자 :	담당자 :	담당자 :	담당자 :
필요한 준비물				

1. 계획에 따라 업사이클링 활성화 숏폼 콘텐츠를 제작하고 발표해 봅시다.

① 다음 순서에 따라 숏폼 콘텐츠를 제작하고 공유해 봅시다.

❶ 콘텐츠에 쓰일 영상 촬영하기
❷ 자막, 음향 효과 등 편집 어플리케이션 이용해 영상 편집하기
❸ 영상 공유하기

② 제작한 숏폼 콘텐츠를 서로에게 상영하고 느낀 점을 공유해 봅시다.

( ) 모둠	세부 주제 느낀 점(콘텐츠에 사용된 음악과 내용의 조화, 주제 의식 등)
( ) 모둠	세부 주제 느낀 점(콘텐츠에 사용된 음악과 내용의 조화, 주제 의식 등)
( ) 모둠	세부 주제 느낀 점(콘텐츠에 사용된 음악과 내용의 조화, 주제 의식 등)
( ) 모둠	세부 주제 느낀 점(콘텐츠에 사용된 음악과 내용의 조화, 주제 의식 등)
( ) 모둠	세부 주제 느낀 점(콘텐츠에 사용된 음악과 내용의 조화, 주제 의식 등)

참고 자료 및 사진 출처

참고 자료

사람 | 우리가 몰랐던 축구공 이야기

기사

- 파키스탄 수제축구공 '사면초가', 〈한겨레신문〉, 2019.10.19
- 축구공 만드는 아이들, 〈오마이뉴스〉, 2002.04.23
- 파키스탄의 수제 축구공의 위기, 〈경향신문〉, 2010.04.28
- 나이키, 제3세계 아동 노동 착취자 비난, ESG로 넘는다, 〈미디어피아〉, 2022.12.28
- 나이키의 두 얼굴, 〈오마이뉴스〉, 2022.07.10
- 기업의 평판관리와 윤리준법경영, 〈국민권익위원회 윤리준법경영 브리프스〉, 2021.12
- 나이키의 아동 노동 착취 소비자 불매운동 이어져, 〈ChosunMedia 더나은미래〉, 2013.05.28
- 나이키, 아동 노동력 활용했다가 '착취' 이미지로 곤혹, 〈한국경제〉, 2010.01.19
- 세계화의 황태자에서 노동착취 기업으로, 〈이코노미21〉, 2004.03.05
- 차라리 노동 착취 공장 제품을 사라?, 〈비즈한국〉, 2017.03.27
- 아동 노동 동시④, '꿈꾸고 싶은 발자국', 〈레디앙〉, 2012.07.26
- 불매운동 뜻하는 '보이콧'이 사람 이름?, 〈EBS 뉴스G〉, 2015. 08.20
- "몰랐다. 충전하려다 충격…" '아동 착취' 전기차, 블록체인이 살맛나게 , 〈매일경제〉, 2022.09.28
- 국제노동기구, '노동으로 위협받는 아이들의 미래', 〈BBC NEWS 코리아〉, 2023.09.04
- 아이의 절규 "사람들이 초콜릿 먹으면 내 살을 먹는 것", 〈오마이뉴스〉, 2022.10.02
- "하루 10시간씩 축구공 만들어 보실래요?", 천주교인권위원회, 2006.06.01
- 축구공 하나 만들고 받는 노임은 100원, 〈오마이뉴스〉, 2002.05.25

웹·영상·기타

- 〈가혹한 형태의 아동노동금지 협약(ILO 협약 제182호)〉, 국가법령정보센터
- https://www.youtube.com/watch?v=kOYUEAbi6g4
- https://en.wikipedia.org/wiki/Pentagon
- https://en.wikipedia.org/wiki/Hexagon

코로나19로 잃어버린 것들

기사

- 싱가포르 유학생 등 호주서 인종 차별 폭행당해 "코로나, 꺼져라", 〈연합뉴스〉, 2020.04.20
- 코로나-19가 불러온 또 다른 재앙-동양인에 대한 차별, 〈사회적경제뉴스〉, 2022.07.12
- 코로나19 인종 차별 피해 속출... 대응 방법은?,〈YTN〉, 2020.05.01
- "코로나19 아시안 혐오 멈춰주세요" 세계 곳곳 피해 호소, 〈KBS 뉴스〉, 2021.02.26
- 코로나19 바이러스, 흑사병 '마녀사냥'과 본질은 같다, 〈한겨레신문〉, 2020.03.22

- 세계사를 뒤바꾼 '흑사병' 중세 유럽을 무너뜨리다!, 〈에듀진〉, 2020.02.17
- 전염병이 바꾼 인류의 역사, 《월간중앙》, 2020.04
- 14세기 유럽 덮친 흑사병이 되레 사회에 도움됐다?, 〈매일경제〉, 2017.09.07
- 인류의 역사를 바꾼 전염병 - 흑사병 편, 〈VOA KOREA〉, 2009.10.13
- 흑사병발 대변화와 코로나 이후의 변화, 《주간조선》, 2023.05.07
- 흑사병이 더 오래 기승을 부렸더라면, 〈한국교육신문〉, 2009.08.01
- 흑사병이 불러온 중세 유럽의 호황, 〈세계일보〉, 2015.07.05
- 〈세계보건기구(WHO) 미래 호흡기감염병 팬데믹 대비를 위한 코로나19 대응 교훈 보고서 발간〉, 질병관리청 보도자료, 2024.03.18

웹·영상·기타

- https://www.youtube.com/watch?v=mGj5zaYXpUY

세상의 10명 중 1명이 굶주린다고?

책·기사

- 《세계 시민 수업 6 빈곤: 풍요의 시대, 왜 여전히 가난할까?》, 윤예림 저, 정문주 그림, 풀빛
- 중학교 교과서 《역사 1》, 김태웅 외 9명, 미래엔
- 韓 1인당 음식물쓰레기 배출량 95kg…UNEP "수억 명 굶주리는데 연간 음식물 10억 톤 이상 버려져", 〈그리니엄(greenium)〉, 2024.04.01
- 7억 3천만 명 굶는데 하루 10억 끼니 버려…온실가스 10% 차지, 〈한겨레신문〉, 2024.03.28
- 하루 음식쓰레기 2만t 비밀…4분의 1은 먹기도 전에 버려진다, 〈중앙일보〉, 2022.01.17
- "식량은 최고의 백신"... 세계식량기구, 노벨평화상 수상, 〈오마이뉴스〉, 2020.10.10
- 세계 인구, 80억 명 넘었다…"2080년대 100억 4천만 명대 정점", 〈한겨레신문〉, 2022.11.15
- 큐드럼·정수 빨대…약자에 온정 건네는 '적정 기술', 〈경향신문〉, 2019.11.24

웹·영상·기타

- 음식물 관리시스템 〈음식물 쓰레기 현황〉, 한국환경공단 (www.citywaste.or.kr)
- 음식물 쓰레기 배출량- 2021년, KOSIS통계놀이터(https://kosis.kr/edu/index/index.do?sso=ok)

지구환경 | 그 많던 동물들은 어디로 갔을까?

책·기사

- 《세계 시민 수업 5 환경 정의: 환경 문제는 누구에게나 공평할까?》, 장성익 저, 이광익 그림, 풀빛
- 풍부한 자원, 축복인가, 저주인가?, 〈클릭경제교육(종간)〉, 2015.08.31
- 자원의 저주, 〈연합인포맥스〉, 2021.10.08
- 자원의 저주 그리고 네덜란드병, 〈파이낸셜리뷰〉, 2023.08.03

• 자원의 저주 넘어 새로운 산업 국가로, 《이코노미 인사이트》, 2018.08
• '자원의 저주'에 걸린 베네수엘라, 《이코노미스트》, 2019.03
• 자원의'저주'와 '축복' 사이, 〈경향신문〉, 2004.08.17
• 자원의 저주, '돈벼락'이 '날벼락'으로, 〈어린이경제신문〉, 2024.6.12
• 천연자원 풍부한 나라들…축복인가 저주인가 〈매일경제〉, 2023.07.13
• 휴대폰 때문에 멸종 위기에 처한 고릴라, 〈한국경제〉, 2017.02.03
• 고릴라는 휴대폰이 싫다?, 〈사이언스온(ScienceON)〉, 2007.06.19
• 핸드폰이 고릴라의 적이라고?, 〈어린이경제신문〉, 2021.04.21
• 고릴라는 휴대폰이 싫고, 북극곰은…, 〈뉴스스페이스〉, 2024.01.08
• 도둑맞은 숲, 쓰러진 고릴라 가족, 〈한겨레신문〉, 2018.09.25

웹·영상·기타

• https://www.youtube.com/watch?v=k-86ujf3lDM

탄소도 발자국을 남긴다?

기사·논문

• 미국-중국 무역전쟁이 아마존 열대우림을 파괴한다, 〈중앙일보〉, 2019.05.25
• 아마존 열대우림 40% 풀만 자라는 초원으로 바뀔 위기, 〈한국경제〉, 2020.10.06
• 올해 들어 4월까지 아마존 삼림 손실 작년 동기대비 40% 감소, 〈연합뉴스〉, 2023.05.13
• 기후변화로 인한 열대우림 파괴, 〈The Climate Times〉, 2017.10.19
• 열대우림, 지구의 미래를 좌우하는 키, 〈esgko.com〉, 2024.02.10
• '지구의 허파' 아마존이 죽어간다…1초에 18그루 사라져, 〈서울경제〉, 2022.07.19
• 탄소 배출량이 많은 산업군, 배출 현황과 2050년 탄소중립 전략은?, 〈임팩트온〉, 2021.09.01
• 이산화탄소 배출 1위 철강산업의 딜레마, 〈한겨레〉, 2019.10.19
• '온실가스 배출' 제철·시멘트·플라스틱이 주원인이다, 〈뉴스톱〉, 2020.01.16
• 〈온실가스 다배출 산업의 저탄소 전환: 주요국 정책 비교와 시사점〉, 황준석·장현숙 저, 한국무역협회, 2024.11.19
• 〈한국의 2050 탄소중립 시나리오: 내용과 과제〉, 윤순진 저, 에너지경제연구원

웹·영상·기타

• 탄소 이야기, 〈EBS 지식채널ⓔ〉
• 청소년숲교실 교육자료, '기후변화에 따른 숲의 변화', 산림청
• 대푯값과 산포도, 에듀넷·티-클리어(www.edunet.net)

플라스틱은 인류의 축복인가? 재앙인가?

책·기사

• 《환경과 생태 쫌 아는 10대: 우리, 100년 뒤에도 만날 수 있을까요?》, 최원형 저, 방상호 그림, 풀빛
• 태평양의 위험한 섬, 없애지 않으면 인류 위기, 〈오마이뉴스〉, 22.07.03
• 플라스틱 사용을 중단하면 어떤 일이 벌어질까?, 〈BBC NEWS 코리아〉, 2022.06.12
• "플라스틱도 다 같은 플라스틱이 아냐!" 숫자 확인법, GS칼텍스 기업 블로그 〈미디어허브〉
• 폴리에틸렌(PE), 어디까지 알고 있나요?, 한화토탈에너지스 공식 블로그 〈Chemi-in〉
• 환경을 생각한다면, 올바른 분리배출부터 가보자고!, 〈포스코 뉴스룸〉, 2022.01.11

지구를 지키는 습관, 윤리적 소비

책·기사·논문

- 《SDGs#12 책임 있는 소비 및 생산 실천》, 이현상 저, 트렌드리더
- 美연구진 "생수 1병에 '나노 플라스틱' 24만개", 〈동아일보〉, 2024.1.10
- 지속가능성을 높이는 미래의 소비, 〈뉴스1〉, 2024.05.07
- 에스토니아 식품 산업, 지속가능한 소비 지향 '그린슈머' 트렌드 이끈다, 〈스마트투데이〉, 2024.06.11
- 제로웨이스트 가이드, 〈The World Economic Forumm〉, 2023.02.13
- 〈2023년 소비 트렌드 시리즈 - 01 지속 가능한 소비〉, 씨제이메조미디어
- 〈지속가능한 소비에 대한 각국 정부 및 기업의 대응〉, 외교부, 2023.01.23
- 〈지속가능소비 실천은 소비자를 행복하게 하는가?: 2019년과 2021년 비교〉, 심영 저, 소비자문제연구, 2022.08

웹·영상·기타

- 한국의 SDGs 데이터 플랫폼, (https://kostat-sdg-kor.github.io/sdg-indicators/12), 통계청,
- https://ecocycle.org
- https://zerowaste.org
- https://www.sustainablejungle.com
- https://zwia.org/zero-waste-definition

사진 출처

- 61쪽 흑사병을 치료하는 의사©위키피디아(commons.wikimedia.org)
- 63쪽 피터르 브뤼헐〈죽음의 승리〉©위키피디아(commons.wikimedia.org)
- 96쪽 토마스 하이네〈식민지를 지배하는 방식〉©위키피디아(commons.wikimedia.org)
- 99쪽 제국주의 포스터 1, 2©위키피디아(commons.wikimedia.org)
- 104쪽 유니세프 로고©사단법인 유니세프한국위원회(www.unicef.or.kr)
  굿네이버스 로고©사단법인 굿네이버스 인터내셔날(www.goodneighbors.kr)
  밀알복지재단 로고©사회복지법인 밀알복지재단(www.miral.org)
  월드비전 로고©사회복지법인 월드비전(www.worldvision.or.kr)
- 175쪽 〈세상이 바뀔 리가 없어〉2016©디마이너스원(D-1)
- 176쪽 〈새로운 생태계 교란종, 비닐봉지〉©한국방송광고진흥공사 공익광고 협의회
- 204쪽 플라스틱 재활용 마크 일곱 가지©환경부
- 206쪽 플라스틱 다이어트 함께해요©환경부
- 219쪽 국제공정무역기구 마크©국제공정무역기구(https://wfto-europe.org)

활동지

우리가 몰랐던 축구공 이야기 >>>

유엔아동권리협약

030쪽

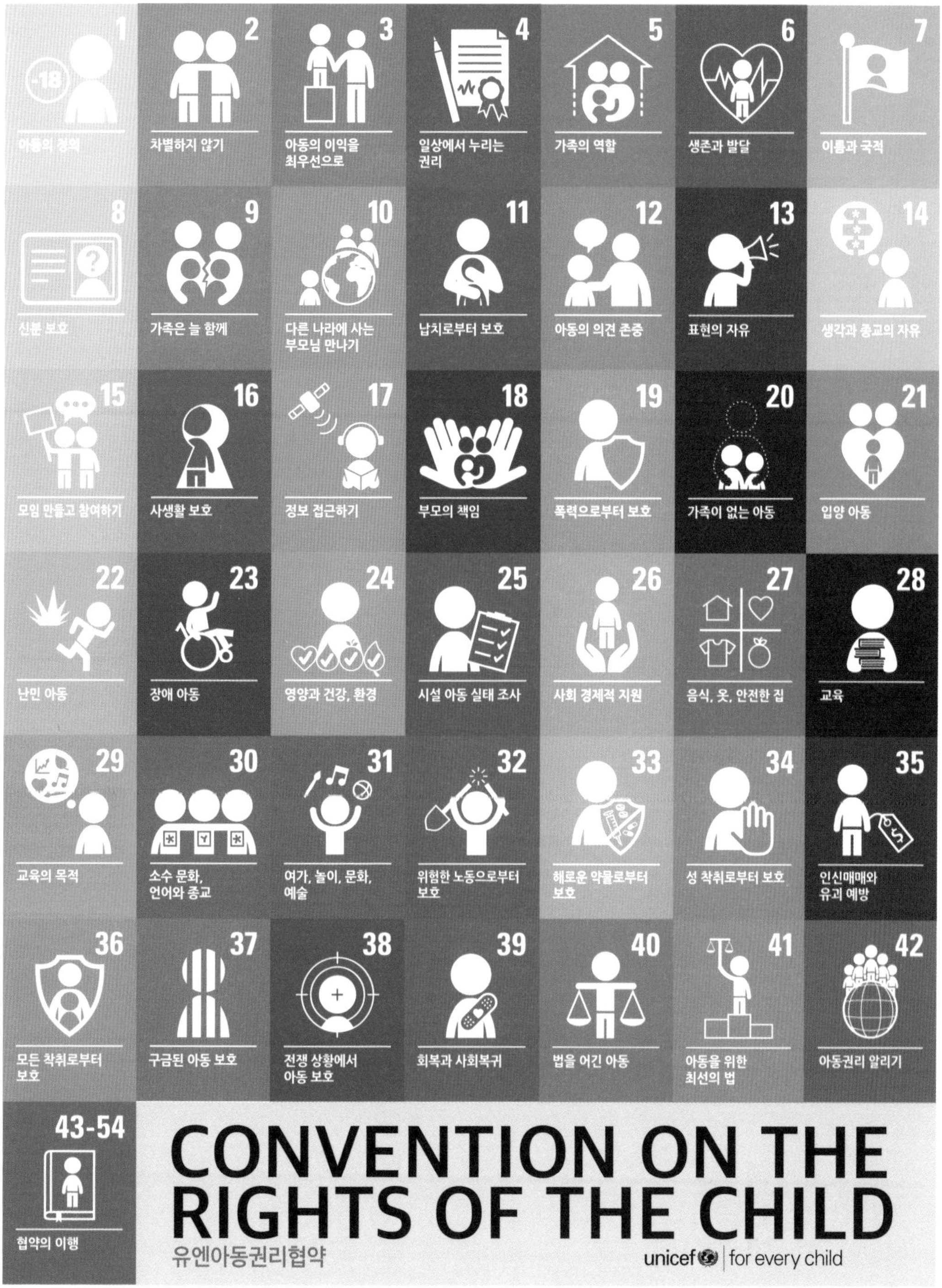

1 아동의 정의
2 차별하지 않기
3 아동의 이익을 최우선으로
4 일상에서 누리는 권리
5 가족의 역할
6 생존과 발달
7 이름과 국적
8 신분 보호
9 가족은 늘 함께
10 다른 나라에 사는 부모님 만나기
11 납치로부터 보호
12 아동의 의견 존중
13 표현의 자유
14 생각과 종교의 자유
15 모임 만들고 참여하기
16 사생활 보호
17 정보 접근하기
18 부모의 책임
19 폭력으로부터 보호
20 가족이 없는 아동
21 입양 아동
22 난민 아동
23 장애 아동
24 영양과 건강, 환경
25 시설 아동 실태 조사
26 사회 경제적 지원
27 음식, 옷, 안전한 집
28 교육
29 교육의 목적
30 소수 문화, 언어와 종교
31 여가, 놀이, 문화, 예술
32 위험한 노동으로부터 보호
33 해로운 약물로부터 보호
34 성 착취로부터 보호
35 인신매매와 유괴 예방
36 모든 착취로부터 보호
37 구금된 아동 보호
38 전쟁 상황에서 아동 보호
39 회복과 사회복귀
40 법을 어긴 아동
41 아동을 위한 최선의 법
42 아동권리 알리기

CONVENTION ON THE RIGHTS OF THE CHILD

유엔아동권리협약

unicef | for every child

1 아동이란, 18세 미만의 모든 사람을 의미합니다.

2 어떤 이유로도 아동을 부당하게 대우해선 안 됩니다. 모든 아동은 그들이 누구이든지 사는 곳, 언어, 종교, 생각, 외모, 성별, 장애 여부, 경제적 상황, 부모나 가족의 배경에 관계없이 모든 권리를 동등하게 가집니다.

3 아동을 위한 결정을 할 때, 어른들은 그 결정이 아동에게 미치는 영향에 대해 충분히 생각하고 아동에게 최선이 되는 행동을 해야 합니다. 정부는 아동이 부모나 보호자의 보호와 보살핌을 받도록 보장하고, 아동을 돌볼 책임이 있는 보호자나 기관이 역할을 다하고 있는지 확인해야 합니다.

4 정부는 모든 아동이 협약에 담긴 권리를 충분히 누리도록 가능한 모든 일을 해야 합니다.

5 모든 아동은 성장과정에서 가장 이상적으로 권리를 누리는 방법을 배울 수 있어야 합니다. 정부는 가족과 지역사회가 아동에게 이를 잘 지도할 수 있도록 지원해야 합니다.

6 모든 아동은 생존할 권리가 있습니다. 정부는 아동이 생존하고 발달할 권리를 최대한 누리도록 보장해야 합니다.

7 모든 아동은 태어나자마자 정부의 공식적인 절차를 거쳐 출생 신고가 되어야 합니다. 아동은 국적을 가져야 하며, 가능한 한 부모가 누구인지 알고, 부모의 돌봄을 받아야 합니다.

8 아동에게는 이름, 국적, 가족 관계 등의 신분을 확인할 수 있는 공식 기록이 있어야 합니다. 누구도 아동으로부터 공식적인 신분을 빼앗을 수 없으며, 그런 일이 벌어진 경우에는 아동의 신분을 되찾을 수 있도록 정부가 도와야 합니다.

9 부모가 아동을 학대하거나 방임하는 등 제대로 돌보지 않는 경우가 아니라면 아동은 부모와 함께 살아야 합니다. 아동이 부모와 떨어져 사는 경우에도 아동에게 해가 되지 않는 한 부모와 계속 연락할 수 있어야 합니다.

10 아동이 부모와 다른 나라에 살고 있다면 정부는 아동과 부모가 만나 함께 지낼 수 있도록 다른 나라로 이동하는 것을 허가해야 합니다.

11 정부는 누군가가 아동을 납치하거나 한 쪽 부모가 다른 쪽 부모의 허락 없이 일방적으로 아동을 데려가는 등 불법적인 방법으로 아동을 외국으로 데려가지 못하게 막아야 합니다.

12 아동은 자신에게 영향을 미치는 일에 대해 자유롭게 의견을 말할 권리가 있습니다. 어른들은 아동의 의견을 잘 듣고 중요하게 받아들여야 합니다.

13 아동은 말이나 글, 그림 등 다양한 방법으로 자신의 경험과 생각, 느낌을 자유롭게 공유할 수 있습니다. 그러나 이 과정에서 다른 사람에게 피해를 주어선 안 됩니다.

14 아동은 자유롭게 생각하고, 양심에 따라 행동하며, 원하는 종교를 가질 수 있습니다. 하지만 이러한 자유가 다른 사람의 권리를 빼앗는 결과로 이어져서는 안 됩니다. 부모는 아동이 성장과정에서 자신의 권리를 올바르게 사용할 수 있도록 잘 지도해야 합니다.

15 아동은 다른 사람에게 해를 끼치지 않는 한 모임이나 조직을 만들거나 가입하고, 다른 사람들과 함께 활동할 수 있습니다.

16 모든 아동은 사생활을 보호받을 권리가 있습니다. 정부는 아동의 사생활을 비롯해 가정사, 개인 공간 및 통신 기록을 법으로 보호해야 하며, 어떤 비난에 의해 아동의 명예가 훼손되지 않도록 해야 합니다.

17 아동은 인터넷, 라디오, 텔레비전, 신문, 책을 비롯한 다양한 출처에서 정보를 얻을 권리가 있습니다. 어른들은 그와 같은 정보가 아동에게 해롭지 않은 지 확인해야 합니다. 정부는 대중매체 정보가 모든 아동이 이해할 수 있는 언어로 전달되도록 권장해야 합니다.

18 부모는 아동을 기를 책임이 있으며, 부모가 없는 아동은 다른 보호자의 보살핌을 받아야 합니다. 부모와 보호자는 항상 아동을 위한 최선이 무엇일지 고민하고, 정부는 그들을 지원해 주어야 합니다. 아동을 기를 책임은 양쪽 부모 모두에게 있습니다.

19 정부는 폭력과 학대, 방치로부터 아동을 보호해야 합니다.

20 아동이 가족의 돌봄을 받을 수 없는 경우, 자신의 종교, 문화, 언어 등을 존중하는 보호자의 돌봄을 받을 권리가 있습니다.

21 입양을 추진할 때는 아동의 입장에서 무엇이 최선인지 확인하는 것이 가장 중요합니다. 아동이 태어난 나라에서 제대로 보살핌 받으며 자랄 수 없는 경우에는 다른 나라로 입양할 수 있습니다.

22 난민 아동과 같이 안전을 위해 자신이 태어난 나라를 떠나 다른 나라로 이동한 아동은 특별한 도움과 보호를 받아야하며, 지금 사는 나라의 아동과 같은 권리를 가집니다.

23 장애 아동은 사회에서 가능한 한 최선의 삶을 누릴 수 있어야 합니다. 정부는 장애 아동이 독립적이며 적극적으로 지역사회에 참여하는 것을 방해하는 모든 장애물을 없애 주어야 합니다.

24 아동은 가능한 한 최고의 의료 서비스를 받으며 깨끗한 식수를 마시고 건강에 좋은 음식을 먹으며 쾌적하고 안전한 환경에서 살아갈 권리가 있습니다. 모든 어른과 아동은 안전하고 건강한 생활에 필요한 정보를 얻을 수 있어야 합니다.

25 아동의 건강과 보호를 위해 아동을 집이 아닌 다른 시설이나 가정 등에 머물게 했다면 정부는 그곳이 아동에게 가장 적합한 곳인지, 아동이 잘 지내고 있는지 정기적으로 조사해야 합니다.

26 정부는 빈곤 가정의 아동을 돕기 위해 현금 지원이나 그 밖의 필요한 지원을 해야 합니다.

27 아동은 잘 먹고 잘 입으며 안전한 공간에서 살 권리가 있습니다. 아동은 이러한 권리로 최선의 성장을 할 수 있습니다. 정부는 기본적인 의식주를 누리지 못하는 아동과 가족을 도와야 합니다.

28 모든 아동은 교육받을 권리가 있습니다. 초등교육은 무료로 제공돼야 하며, 모든 아동에게 중등교육과 고등교육의 기회가 주어져야 합니다. 가능한 한 더 높은 수준의 교육도 받을 수 있어야 합니다. 학교 규칙은 아동의 권리를 존중해야 하며, 어떤 경우에도 폭력이 허용돼서는 안 됩니다.

29 교육은 아동의 특성과 재능, 능력 계발을 지원해야 합니다. 아동은 교육을 통해 자신의 권리를 이해하고 타인의 권리와 문화, 차이를 존중하는 법을 배웁니다. 또한 교육은 아동이 평화의 가치를 지키고 환경을 보호하는 삶을 사는 데 도움을 주어야 합니다.

30 소수 민족 아동은 대다수 국민이 공유하지 않는 자신만의 고유 언어와 문화, 종교를 가지고 누릴 권리가 있습니다.

31 모든 아동은 충분히 쉬고 놀며, 문화와 창작 활동에 참여할 권리가 있습니다.

32 아동은 위험하거나 교육, 건강 또는 성장에 방해되는 노동으로부터 보호받을 권리가 있습니다. 노동하는 아동에게는 정당한 임금을 지급해야 합니다.

33 정부는 아동이 해로운 약을 먹거나, 이를 만들고 운반하고 판매하는 일에 관련되지 않도록 보호해야 합니다.

34 정부는 성적인 착취와 학대로부터 아동을 보호해야 합니다. 아동에게 성관계를 강요하거나, 아동을 대상으로 한 성적인 사진, 동영상을 촬영하면 안 됩니다.

35 정부는 아동이 유괴를 당하거나 물건처럼 사고 팔리거나 다른 국가나 장소로 끌려가 착취당하는 일이 없도록 해야 합니다.

36 아동은 아동권리협약이 구체적으로 다루지 않은 그 밖의 모든 형태의 착취로부터 보호받을 권리가 있습니다.

37 법을 어긴 혐의를 받는 아동을 고문하거나 잔혹하게 대우하면 안 됩니다. 아동에게 사형이나 종신형 등을 선고해서는 안 되며, 성인 범죄자와 한 공간에서 지내게 해서도 안 됩니다. 아동을 감옥 등에서 지내게 하는 일은 다른 선택이 없을 때 최후의 방법으로만 사용해야 하며, 그 기간도 가능한 한 가장 짧아야 합니다. 감옥 등에 갇혀 지내는 아동은 법적 지원을 받고, 가족과 연락할 수 있어야 합니다.

38 전쟁 중에는 아동을 특별히 보호해야 합니다. 15세 미만의 아동이 군대에 들어가거나 전쟁에 참여해선 안 됩니다.

39 아동이 다쳤거나 방임, 학대, 전쟁으로 피해를 입은 경우, 몸과 마음의 건강을 회복해 일상으로 돌아갈 수 있게 도와주어야 합니다.

40 법을 어긴 혐의를 받는 아동은 정당한 법적 지원과 공정한 대우를 받을 권리가 있습니다. 이들을 사회의 건강한 일원으로 키울 수 있는 다양한 해결 방안을 마련해야 하며, 아동을 감옥에 보내는 일은 최후의 선택이 돼야 합니다.

41 우리나라 법이 아동권리협약보다 아동권리를 더 잘 보호하고 있다면 우리나라 법을 따라야 합니다.

42 정부는 모든 아동과 어른이 아동권리에 대해 알 수 있도록 아동권리협약을 적극적으로 알려야 합니다.

43-54 아동권리협약 제 43~54조는 모든 아동의 권리를 보장하기 위해 정부, 아동권리위원회 및 유니세프와 같은 유엔 기구, 그 외 관련 기관들이 어떤 일을 해야하는지 설명합니다.

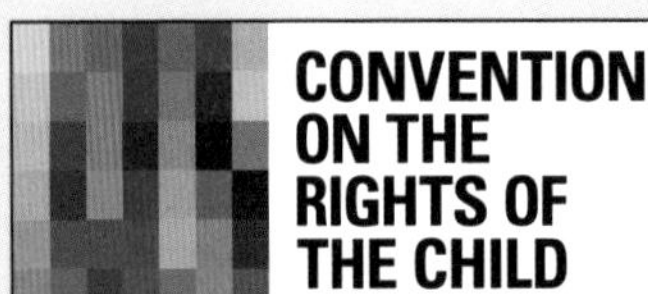

유엔아동권리협약은 아동권리 보호를 약속한 국가들의 중요한 합의문으로, 누가 아동인지, 아동이 가진 권리와 정부의 책임이 무엇인지 설명합니다. 모든 권리는 연결되며, 개별 권리는 모두 동등하게 중요합니다. 아동의 권리는 어느 경우에도 박탈될 수 없습니다. 유니세프는 유엔아동권리협약(제45조)에 의해 아동권지 증진을 위한 역할을 명시적으로 부여받은 유엔의 유일한 기관으로, △각 나라 정부가 유엔아동권리협약을 잘 이행할 수 있도록 자문을 제공하고, △협약 이행에 관한 논의에 대표를 파견하며, △각 나라 정부가 요청하는 기술적 지원을 아동권리위원회로부터 전달받습니다.

※ 본 자료는 유니세프와 Child Rights Connect가 유엔아동권리협약의 원문을 아동이 이해하기 쉽게 재구성하여 제작하였으며, 유니세프한국위원회에서 국문판을 발간하였습니다.

child rights connect

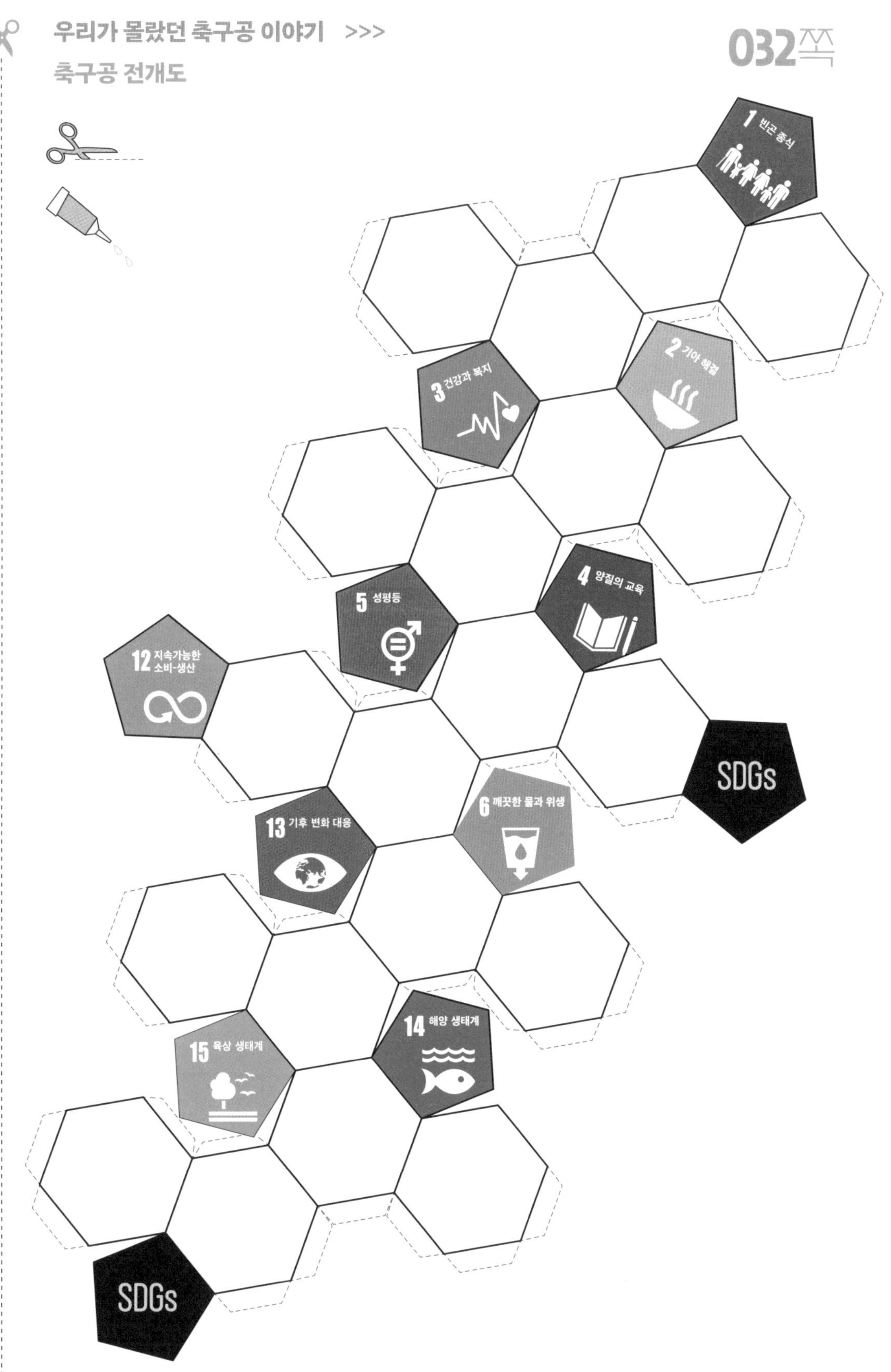
1 빈곤 종식
2 기아 해결
3 건강과 복지
4 양질의 교육
5 성평등
6 깨끗한 물과 위생
12 지속가능한 소비-생산
13 기후 변화 대응
14 해양 생태계
15 육상 생태계
SDGs
SDGs

세상의 10명 중 1명이 굶주린다고? >>>
세계 지도

094쪽

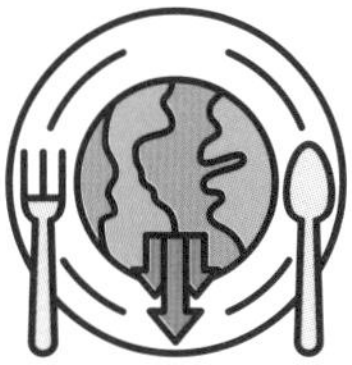

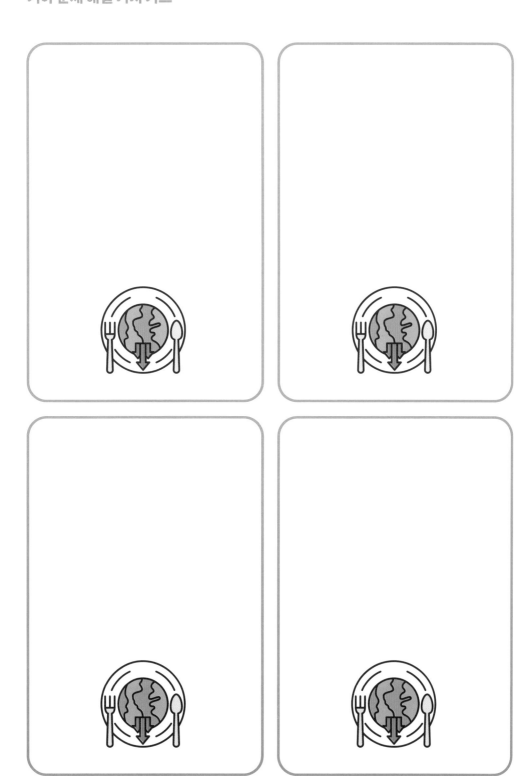

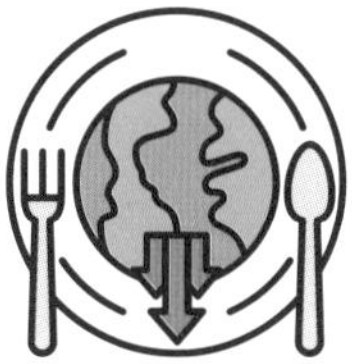

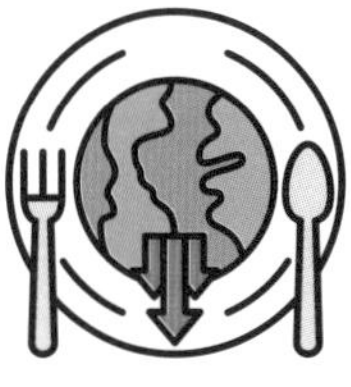

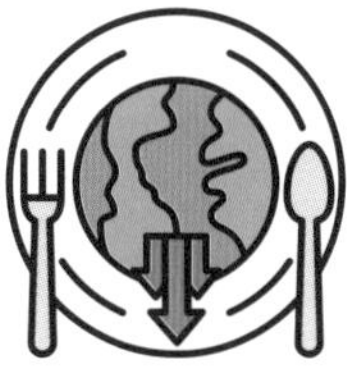

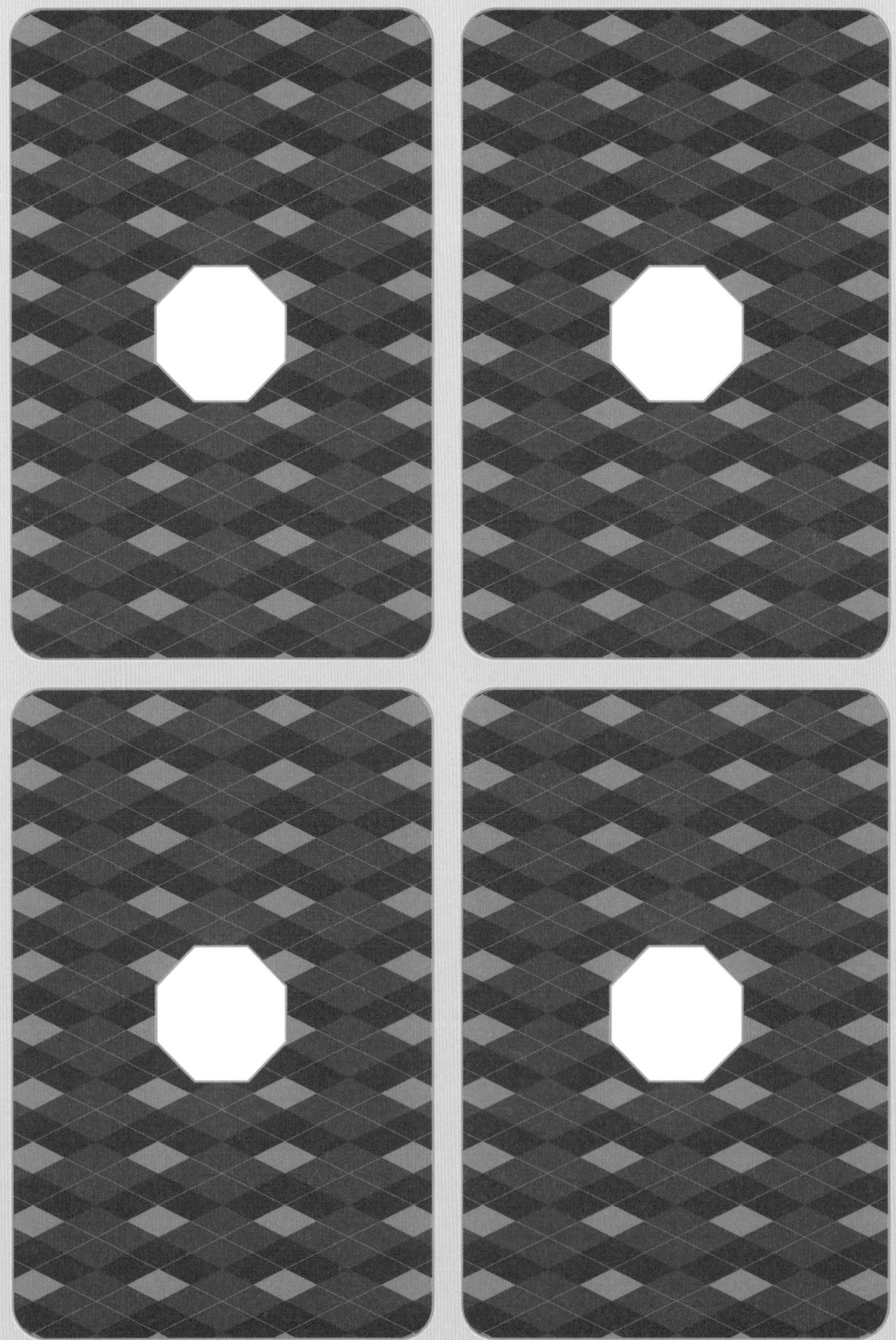

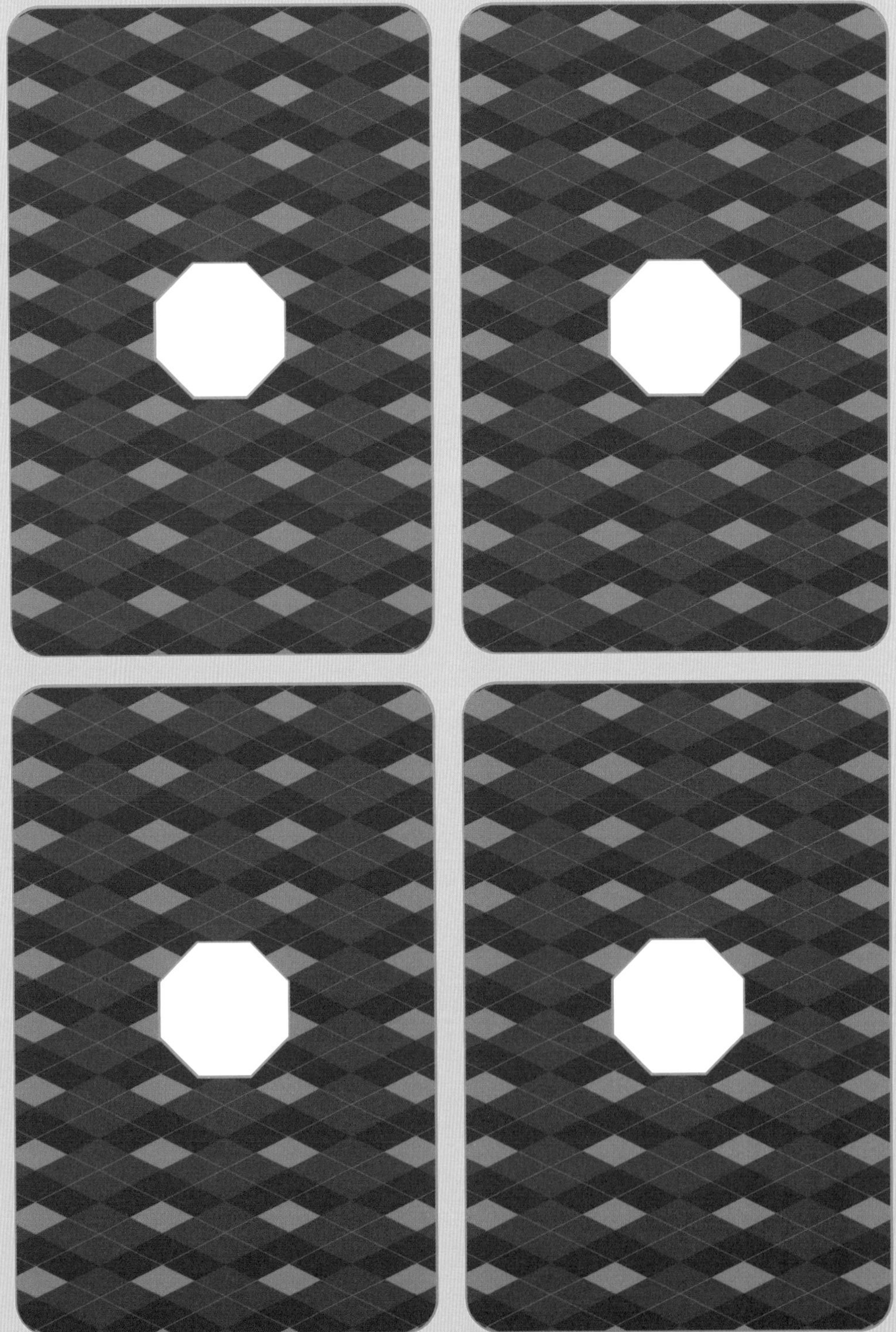

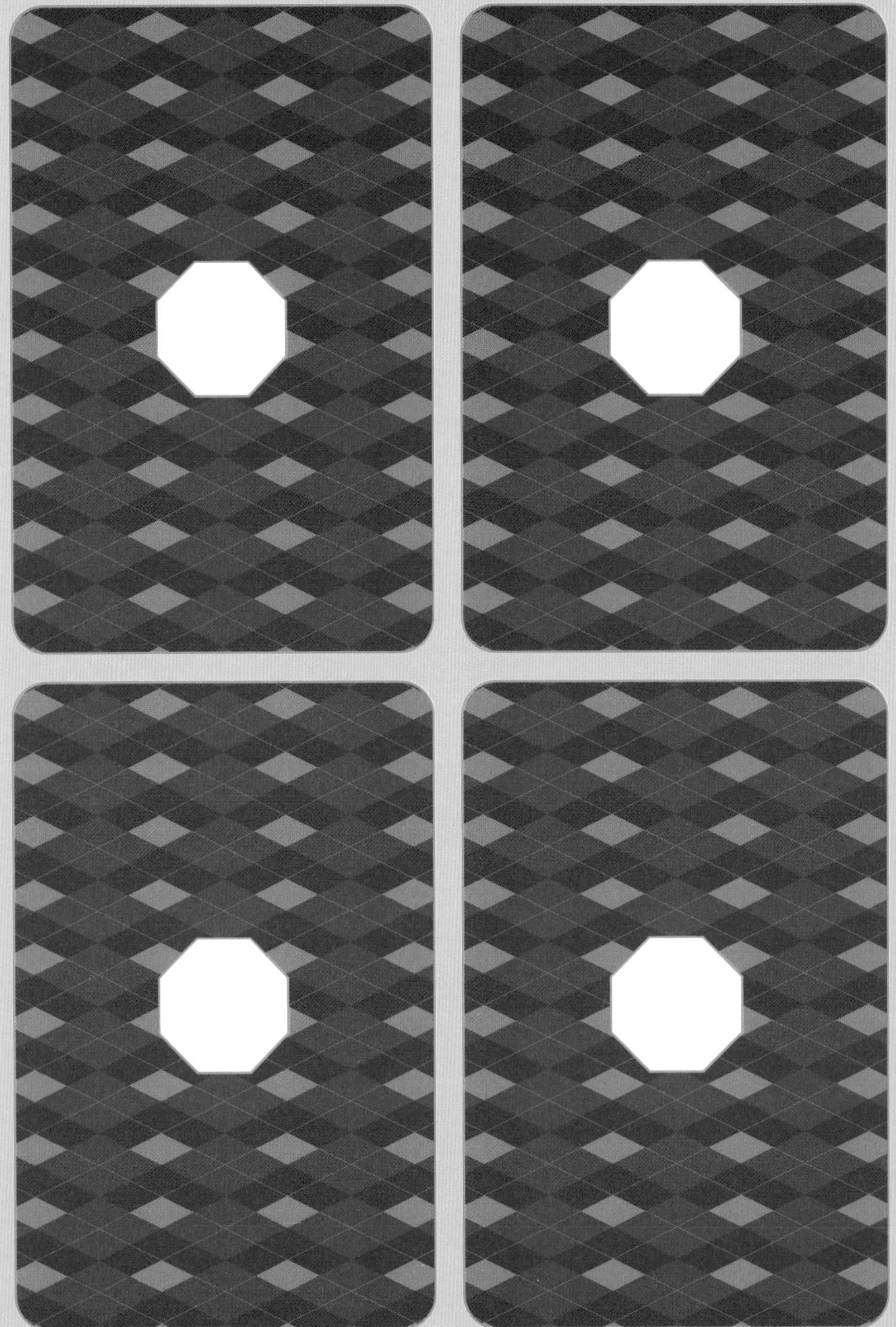

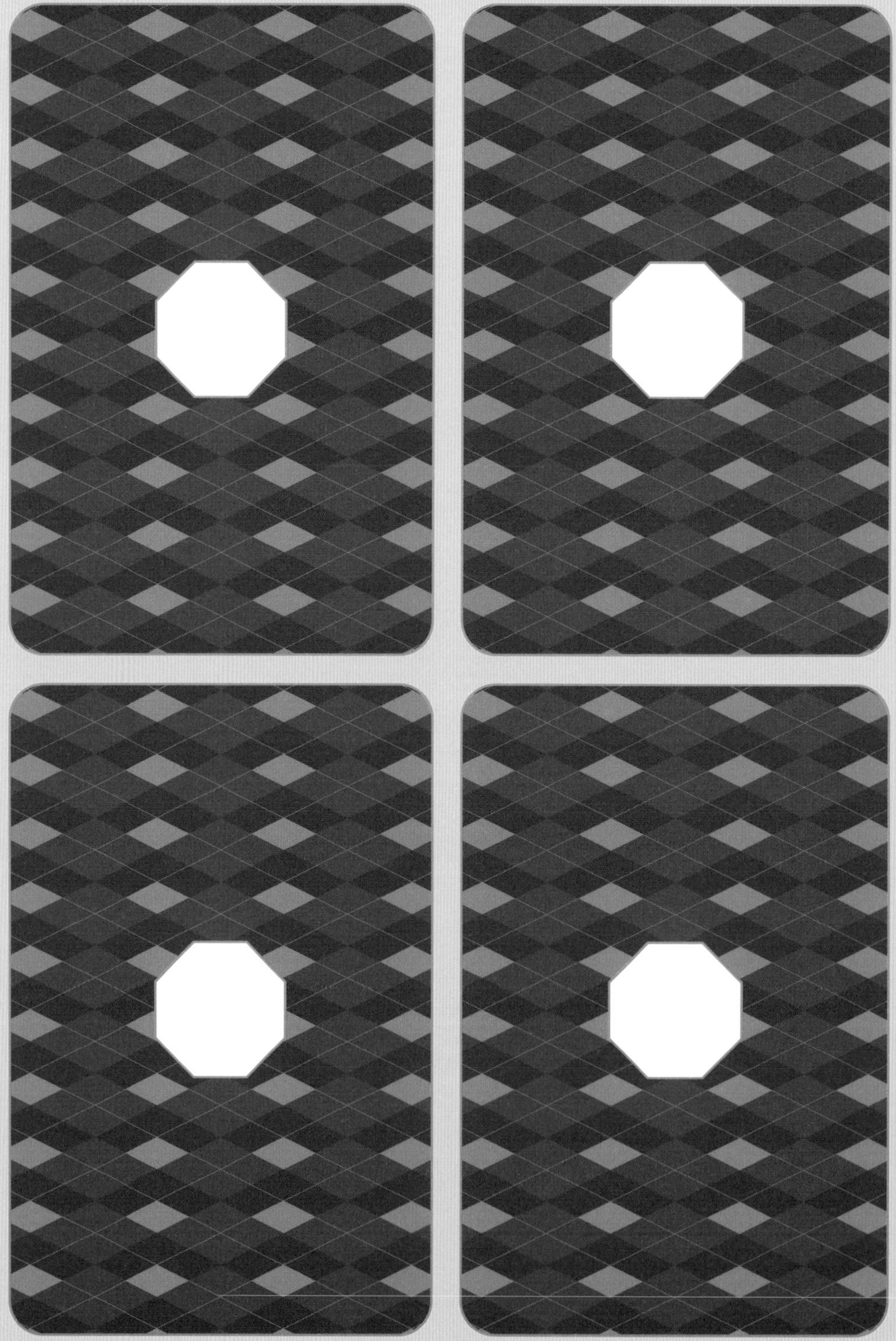

숫자 토큰

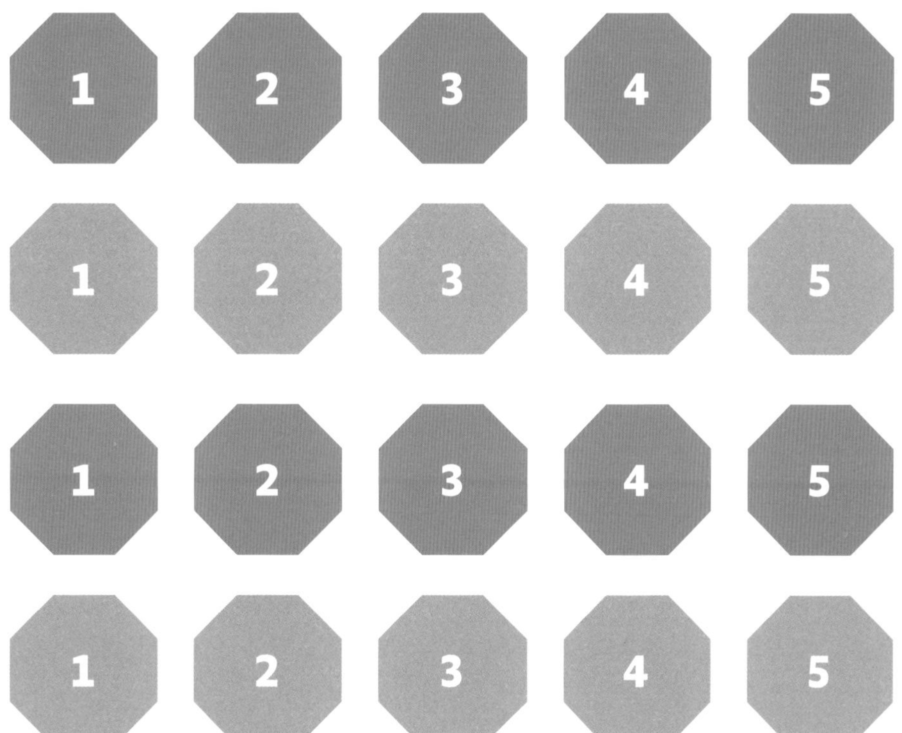

멸종 위기 동물 카드

✦ 식사

✦ 수면

✦ 특징

✦ 멸종 위기 원인

✦ 멸종 위기 등급

✦ 식사

✦ 수면

✦ 특징

✦ 멸종 위기 원인

✦ 멸종 위기 등급

✦ 식사

✦ 수면

✦ 특징

✦ 멸종 위기 원인

✦ 멸종 위기 등급

그 많던 동물들은 어디로 갔을까? >>>

멸종 위기 동물 카드

✦ 식사

✦ 수면

✦ 특징

✦ 멸종 위기 원인

✦ 멸종 위기 등급

✦ 식사

✦ 수면

✦ 특징

✦ 멸종 위기 원인

✦ 멸종 위기 등급

✦ 식사

✦ 수면

✦ 특징

✦ 멸종 위기 원인

✦ 멸종 위기 등급